Arquivologia
e ciência da informação

Arquivologia
e ciência da informação

Maria Odila Fonseca

ISBN 85-225-0503-9

Copyright © 2005 Maria Odila Fonseca

Direitos desta edição reservados à
EDITORA FGV
Rua Jornalista Orlando Dantas, 37
22231-010 — Rio de Janeiro, RJ — Brasil
Tels.: 0800-021-7777 — 21-3799-4427
Fax: 21-3799-4430
e-mail: editora@fgv.br — pedidoseditora@fgv.br
web site: www.editora.fgv.br

Impresso no Brasil / *Printed in Brazil*

Todos os direitos reservados. A reprodução não autorizada desta publicação, no todo ou em parte, constitui violação do copyright (Lei nº 9.610/98).

Os conceitos emitidos neste livro são de inteira responsabilidade da autora.

1ª edição — 2005; 1ª reimpressão — 2007; 2ª e 3ª reimpressões — 2008; 4ª e 5ª reimpressões — 2010; 6ª reimpressão — 2011; 7ª reimpressão — 2012; 8ª reimpressão — 2013; 9ª reimpressão — 2015; 10ª reimpressão — 2019.

Revisão de originais: Luiz Alberto Monjardim

Revisão: Aleidis de Beltran e Mauro Pinto de Faria

Capa: aspecto:design

    Ficha catalográfica elaborada pela Biblioteca
        Mario Henrique Simonsen/FGV

Fonseca, Maria Odila Kahl
    Arquivologia e ciência da informação / Maria Odila Fonseca. — reimpressão — Rio de Janeiro : Editora FGV, 2005.
    124p.

    Originalmente apresentado como tese da autora (doutorado — Universidade Federal do Rio de Janeiro).
    Inclui bibliografia.

    1. Arquivologia. 2. Ciência da informação. I. Fundação Getulio Vargas. II. Título.

                                  CDD — 025.171

Sumário

Agradecimentos   7

Introdução   9

Capítulo 1 — A ciência da informação   13
    A ciência da informação e suas origens históricas: um breve pano de fundo   14
    Ciência da informação: principais tentativas de conceituação   19
    A ciência da informação e suas relações interdisciplinares   26

Capítulo 2 — Arquivologia: origens e circunstâncias   29
    Arquivologia e modernidade   33
    A criação das instituições arquivísticas e sua importância na configuração da área   39
    O objeto e suas múltiplas facetas   51

Capítulo 3 — Arquivologia hoje: mapeando rupturas   55
    Ruptura de paradigmas   57
    Arquivologia pós-moderna   60
    A arquivologia no Brasil   67

Capítulo 4 — Quadros em movimento   73
    A produção do conhecimento e os periódicos   73
    A produção de conhecimento e a pesquisa de pós-graduação   91

Considerações finais   97

Referências bibliográficas   103

Anexo 1 — Tabela geral de teses e dissertações   111

Anexo 2 — Quadro de professores orientadores e grupos de pesquisa registrados na base Lattes   119

Agradecimentos

Este livro foi originalmente produzido como tese para obtenção do título de doutor em ciência da informação, junto ao Programa de Pós-Graduação em Ciência da Informação do Instituto Brasileiro de Informação em Ciência e Tecnologia e da Universidade Federal do Rio de Janeiro. Assim, gostaria de agradecer a todos aqueles que, de uma maneira ou de outra, contribuíram para a execução daquela pesquisa.

Em particular agradeço à minha orientadora, professora Maria Nélida Gonzalez de Gómez e aos professores Rosali Fernandes, Aldo de Albuquerque Barreto e Sandra Rebel Gomes, membros da comissão examinadora da tese, pelos comentários generosos com que enriqueceram meu trabalho. E ao meu amigo professor José Maria Jardim, agradeço pelo privilégio da parceria de sempre.

Às minhas queridas amigas Marilena Leite Paes e Roseli Rondinelli, agradeço pelo incentivo constante e especialmente por me fazerem acreditar que esta publicação seria possível.

Introdução

As afirmações sobre as características interdisciplinares da ciência da informação têm estado presentes na maioria dos estudos que objetivam aprofundar as reflexões sobre essa disciplina científica. Pinheiro (1997:1) afirma:

> Durante 20 anos de estudos de ciência da informação nossa percepção é de que a ciência da informação tem seu estatuto científico, como ciência social que é, portanto, *interdisciplinar por natureza* (...).[1]

Esse pensamento é partilhado por alguns dos principais pensadores da ciência da informação, de modo que, não obstante algumas divergências, a biblioteconomia, a ciência da computação, a ciência cognitiva, a comunicação e a linguística são as áreas mais presentes nas análises das mais evidentes relações interdisciplinares da ciência da informação.[2]

Tem sido predominante a omissão da arquivologia como disciplina na qual esses autores possam identificar elementos em comum com a ciência da informação. E essa omissão é mútua, pois a arquivologia não tem considerado a ciência da informação como área afim. De fato, ao contrário do que ocorre com a ciência da informação, a questão da interdisciplinaridade é bastante periférica nas reflexões arquivísticas.

A falta de percepção das relações interdisciplinares entre essas duas áreas do conhecimento é instigante, na medida em que tais relações parecem

---

[1] Grifo nosso.
[2] Ver Jardim e Fonseca (1992).

bastante óbvias, quando se identifica a informação como elemento central do conjunto de objetos de que ambas se ocupam.

No entanto, aquilo que parece saltar aos olhos muda de feição ao se constatar que o pensamento hegemônico na área arquivística não inclui a informação entre os objetos preferenciais da arquivologia, como fica claro nas afirmações de alguns formadores de opinião na área arquivística, nos planos nacional e internacional:

> Delmas (...) analisou o tema sob uma perspectiva francesa. Para ele, a arquivologia é "a ciência que estuda os princípios e os procedimentos metodológicos empregados na conservação dos documentos de arquivos, permitindo assegurar a preservação dos direitos, dos interesses, do saber e da memória das pessoas físicas e morais". Para Vasquez (...) "a arquivologia ou ciência da administração de documentos e arquivos é um campo de saber cujos objetos de estudo são: os documentos de arquivo; os arquivos e os sistemas de arquivos; os arquivistas e as associações de arquivistas". Na terminologia sistematizada por colegas portugueses (...), arquivística é "a disciplina que estuda os princípios teóricos e práticos do funcionamento do arquivos e do tratamento dos seus fundos". Para Esposel (...), a arquivologia é "uma disciplina auxiliar da administração e da história, que se refere à criação histórica, organização e função dos arquivos e seus fundamentos legais ou jurídicos".[3]

Assim, a informação não tem sido considerada como objeto privilegiado da arquivologia, aparecendo na literatura clássica da área como uma consequência do documento de arquivo, que por sua vez é visto como um elemento do arquivo: "importa muito que não percamos de vista a tríplice dimensão do objeto da arquivologia e *sua ordem:* arquivos — documentos de arquivo — informação".[4]

Considerando as afirmações acima e sintetizando as definições de arquivologia apresentadas, pode-se concluir que: *os arquivos* e os documentos que os constituem; as *instituições arquivísticas*, espaço privilegiado e regulatório das intervenções feitas nesses conjuntos; os *arquivistas*, profissionais formalmente habilitados a estabelecer essas intervenções, têm sido os principais objetos de interesse da arquivologia.

---

[3] Jardim, 1999b:3-4;8.
[4] Heredia, 1993:32 (grifo nosso).

Indícios de uma possível renovação desse pensamento hegemônico têm surgido no panorama arquivístico internacional. Cabe destacar, por exemplo, o Groupe Interdisciplinaire de Recherche en Archivistique (Gira), grupo de pesquisa criado em 1987 na Escola de Biblioteconomia e Ciências da Informação da Universidade de Montreal (Esbi), no Canadá. O artigo publicado por seus fundadores em 1988, "L'archivistique a-et-elle trouvé son identité", pode ser considerado um marco nas reflexões sobre a arquivologia como área autônoma de conhecimento numa perspectiva contemporânea, e as atividades do grupo de pesquisa representam um importante espaço de reflexão sobre as especificidades do fenômeno informacional arquivístico, na busca da construção de um conceito de informação arquivística.

> Ao final de uma evolução transformadora de sua missão e definição, a arquivologia aparece, hoje, como uma disciplina cuja razão de ser situa-se no seio da gestão da informação, recurso vital das organizações. Todos os membros da organização têm necessidade de informação para cumprir suas funções respectivas. As informações necessárias serão buscadas no interior ou no exterior da organização. Estas informações podem ser verbais ou registradas sobre suportes como, por exemplo, o papel, a fita magnética, o disco ótico ou o microfilme. *Podem ser orgânicas, quer dizer, elaboradas, expedidas ou recebidas no quadro das funções do organismo, ou não orgânicas, quer dizer, produzidas fora do quadro das funções do organismo. As informações registradas orgânicas nascem no arquivo do organismo.*[5]

É estimulante a perspectiva de se debruçar sobre esses indícios, observados nos planos nacional e internacional, considerando-se como pressupostos que:

▼ a partir do final dos anos 1980, sobretudo, desenvolve-se um novo processo e um novo lócus de produção do conhecimento arquivístico, identificados com a pesquisa de pós-graduação, em especial com programas de pós-graduação em ciência da informação;

---

[5] Couture, Rousseau e Ducharme, 1998:53-54 (grifo nosso).

▼ como consequência, uma nova pauta de reflexões vem contribuindo para uma redefinição da arquivologia como campo de saber autônomo, principalmente no sentido de rediscutir seus objetos e objetivos tradicionais;

▼ um alargamento nas reflexões sobre a ciência da informação sugere que se tende a incorporar à informação arquivística um novo objeto de interesse.

A questão central que nos interessa discutir formula-se no quadro geral desses pressupostos: trata-se de saber se a emergência de novos espaços de produção do conhecimento arquivístico e de uma nova pauta de reflexões sobre a redefinição dos objetos prioritários da arquivologia se verifica no Brasil. Na medida em que, historicamente, a produção do conhecimento arquivístico tem-se estabelecido em relação privilegiada com as instituições arquivísticas e com a sua missão institucional de gerenciar grandes massas documentais oriundas da administração pública, indaga-se: pode a emergência desses novos espaços ser identificada com a pesquisa universitária de pós-graduação e, em particular, com programas de pós-graduação em ciência da informação?

Analisar as características da reformulação nas áreas predominantes de reflexão e pesquisa dentro da arquivologia, identificando um quadro de interseção de interesses com a ciência da informação, pode contribuir, ainda que modestamente, para delinear os contornos da arquivologia como campo de conhecimento e para alargar suas fronteiras acadêmicas. Por outro lado, também pode contribuir para a incorporação do fenômeno informacional arquivístico aos territórios da ciência da informação.

Para tentar responder a essas questões, mapearam-se os territórios disciplinares da ciência da informação e da arquivologia, a partir de uma revisão de literatura que enfatize o domínio material e de estudo, o nível de integração teórica e as contingências históricas de produção e desenvolvimento de ambas as disciplinas.

A verificação empírica das mudanças referidas se dá na análise da produção do conhecimento na área arquivística, seja em alguns de seus principais periódicos, seja em teses e dissertações com temática arquivística nos diferentes programas de pós-graduação brasileiros.

Capítulo 1

A ciência da informação

> A informação é uma noção nuclear, mas problemática.
> Daí, toda a sua ambiguidade: não se pode dizer quase
> nada sobre ela, mas não se pode passar sem ela.
>
> *Edgar Morin*

Não cabe aqui aprofundar as características epistemológicas da ciência da informação, especialmente se esse aprofundamento estiver referido aos parâmetros sugeridos por Heckhausen (1972) para analisar uma disciplina científica: seus domínios material e de estudo, seu nível de integração teórica, seus métodos, seus instrumentos de análise, seu grau de aplicabilidade e as contingências históricas de sua produção e desenvolvimento.

No entanto, parece necessário iluminar certos aspectos dessas características, como pano de fundo para as questões específicas abordadas. Dentro dessa perspectiva serão sublinhados os seguintes pontos:

▼ a origem histórica da ciência da informação, com ênfase na conjuntura em que tal origem se insere, na medida em que se podem observar expressivos elementos de contemporaneidade dessa ciência com a arquivologia, os quais, situando as duas áreas na *episteme* da modernidade, ajudam a explicar seu desenvolvimento a partir de claras necessidades políticas de eficácia e eficiência;

▼ as principais tentativas de conceituação da disciplina e seu objeto de estudo, com ênfase nas tentativas de explicitação desse objeto, na medida em que se podem iluminar certas áreas de interseção, especialmente no que diz respeito a certa noção de informação científica e tecnológica que parece excluir a informação produzida pelo aparelho burocrático que movimenta o campo da pesquisa e do desenvolvimento e que está registrada em relatórios, notas, correspondência etc., enfim, em fontes arquivísticas;

▼ suas relações interdisciplinares, com ênfase nas reflexões sobre essas características como constitutivas da ciência da informação.

A ciência da informação e suas origens históricas: um breve pano de fundo

Jesse Shera e Donald Cleveland (1977:258) traçam uma minuciosa cronologia das principais questões que marcaram a ciência da informação, tanto na América do Norte quanto na Europa, desde os primeiros esforços no sentido de sistematizar informações bibliográficas até a chegada do que eles chamam "a era da ciência da informação".

Para Shera e Cleveland, o primeiro marco a ser considerado nessa escalada é o encontro de Paul Otlet e La Fontaine, em Bruxelas, em 1892, quando são lançadas as bases para a criação do Instituto Internacional de Bibliografia (IIB), com o propósito de estabelecer a compilação internacional da informação bibliográfica registrada. O IIB foi criado em 1895, sendo interessante ressaltar dois pontos:

▼ a inserção diacrônica das mais "primitivas" origens da ciência da informação coloca essa área do conhecimento numa relação de contemporaneidade com a arquivologia, inserindo ambas na *episteme* da modernidade e sua consequente busca de racionalidade e eficiência. Não é demais lembrar as palavras de Paul Otlet no Congresso Mundial de Documentação, realizado em Paris em 1937: "razão pela qual o termo documentação está, hoje em dia, indissoluvelmente ligado à cadeia destes seis termos: ciência, técnica, cultura, educação, organização social, civilização universal". Mais moderno, impossível;

▼ a definição de documento proposta pelo IIB em 1908: "tudo aquilo que representa ou expresse por meio de sinais gráficos (escrita, diagramas, mapas, algarismos, símbolos) um objeto, uma ideia ou uma impressão. Os textos impressos (livros, revistas, jornais) constituem, hoje, a categoria mais numerosa de documentos".[6] Note-se que essa definição exclui o documento de arquivo como objeto *consciente* de interesse da incipiente área da documentação, ou seja, a definição de documento é abrangente e obviamente inclui documentos arquivísticos. E a afirmação de que os documentos impressos constituem a categoria mais numerosa de documentos exclui, certamente, a produção documental da burocracia pública e privada. Nunca é demais enfatizar que quando se fala em burocracia se está falando dos processos de encaminhamento de ações administrativas em todas as esferas das atividades humanas, inclusive as científicas e tecnológicas. Em 1937, num alargamento dessa definição, Otlet afirma que "documento é o livro, a revista, o jornal; é a peça de arquivo, a estampa, a fotografia, a medalha, a música; é, também, atualmente, o filme, o disco e toda parte documental que precede ou sucede a emissão radiofônica".

Em 1931, o IIB passa a chamar-se Instituto Internacional de Documentação, e em 1938, Federação Internacional de Documentação (FID). Documentação é então definida como "a reunião, classificação e distribuição de documentos de todos os tipos, em todos os campos da atividade humana".[7]

A década de 1930 é marcada, principalmente nos Estados Unidos, pelo interesse no desenvolvimento da microfotografia — posteriormente denominada microfilmagem — e suas possibilidades:

> Em meados de 1930, a literatura profissional bibliotecária era abundante em previsões de que os microfilmes iriam eventualmente suplantar os livros convencionais, e as fichas catalográficas teriam textos microfilmados inseridos, devendo circular largamente e até ser dadas aos usuários.[8]

Em 1936, foi criado na American Library Association um grupo interessado em estudar as questões relacionadas à reprodução documental. Esse grupo, incluindo diferentes interesses profissionais, lançou em 1938

---

[6] Shera e Cleveland, 1977:251.
[7] Ibid.
[8] Ibid., p. 252-253.

um periódico especializado, *Journal of Documentary Reproduction*, cuja publicação foi interrompida em 1943 por causa da II Guerra Mundial. O editor desse periódico era Vernon Tate, chefe da Divisão de Arquivos Fotográficos e Pesquisa do Arquivo Nacional dos Estados Unidos, a qual se dedicava ao estudo e experimentação de qualquer desenvolvimento tecnológico passível de interesse para os arquivos.

O interesse pela microfilmagem era de tal ordem que Shera e Cleveland escrevem:

> Na Europa, na Índia (através da influência de S. R. Ranganathan) e de modo geral na América Latina, a noção de documentação permaneceu relativamente estável e fundamentalmente francesa. Nos Estados Unidos, no entanto, a documentação tomou um caminho bastante diferente, em função, principalmente, do desenvolvimento de emulsões fotográficas de gramatura fina e da câmera de miniatura, usando filme de 35 milímetros, com uma base de acetato não explosiva. Essa nova tecnologia, emprestada da indústria cinematográfica, tornou possível o uso da microfotografia em bibliotecas (...). *No auge desse crescente interesse em novos métodos de reprodução de documentos foi criado o American Documentation Institute.*[9]

O desenvolvimento tecnológico associado à II Guerra Mundial é sobejamente conhecido, e na área das chamadas tecnologias da informação podemos apontar o uso extensivo da microfilmagem e do microfilme:

> Durante a II Guerra o microfilme foi amplamente utilizado, particularmente a recém-desenvolvida emulsão Diazo, para cópia e distribuição de documentos capturados e outros materiais dos serviços de inteligência (...). Porém, mais importante, do ponto de vista de uma ciência da informação emergente, foi o trabalho feito em várias agências governamentais na análise subjetiva de documentos usando equipamento IBM de cartões perfurados. Na Divisão Central de Informação do Serviço Estratégico, J. H. Shera e seus colaboradores estavam experimentando técnicas para indexar interceptações da censura na correspondência estrangeira.[10]

---

[9] Shera e Cleveland, 1977:252-253 (grifo nosso).
[10] Ibid., p. 254.

No imediato pós-guerra, ainda em 1945, foram divulgados dois documentos de autoria de Vannevar Bush, tidos como marcos do desenvolvimento científico subsequente e da nova ciência da informação: o artigo "As we may think" e o relatório do Office of Scientific and Research Development (OSRD), do qual Bush era presidente. A importância do relatório se evidencia na criação, por ele sugerida, da National Science Foundation em 1950. Hayes (1998:224) afirma:

> De relevância específica para a informação científica e a ciência da informação, o relatório do OSRD identifica muitos dos temas que têm sido importantes em nosso campo: intercâmbio internacional de informação científica, publicação de informação científica, suspensão de restrições de segurança para uma disseminação mais ampla de informação científica, incentivo a publicações acadêmicas e ao desenvolvimento de ferramentas bibliotecárias.

Hayes reproduz em seu artigo palavras do próprio relatório, justificando sua importância para o campo, então emergente, da ciência da informação:

> Bibliotecas técnicas adequadas são uma arma indispensável para os pesquisadores. É provável que o uso das ferramentas de catalogação e seleção, agora disponíveis em forma de *business machines*, e das técnicas de microfilmagem se encaminhe para o desenvolvimento de métodos modernos de busca de literatura e elaboração de bibliografias.

O período do pós-guerra, associado por muitos autores ao surgimento da ciência da *informação*, foi marcado pela polarização entre os Estados Unidos e a União Soviética, ou seja, a Guerra Fria. Os esforços contínuos para manter as respectivas lideranças num mundo dividido em dois blocos hegemônicos geraram uma produção científica e tecnológica sem precedentes. A chamada "explosão da informação" exigia meios cada vez mais sofisticados e rápidos para que a informação científica e tecnológica pudesse ser usada como recurso econômico e político. Nesse sentido, o lançamento do Sputnik pelos soviéticos, em 1957, foi decisivo. Segundo Hayes "esse evento sacudiu as instituições militares, industriais e científicas dos Estados Unidos e as influenciou, diretamente, em alguns dos mais cruciais desenvolvimentos em nosso próprio campo".

Nesse período, o American Documentation Institute (ADI) trabalha basicamente com temas relacionados aos métodos e técnicas para a análise subjetiva do conhecimento registrado: os problemas linguísticos de análise documentária e recuperação da informação. Apesar do crescimento então observado em relação à informação científica, o instituto "luta para sobreviver". Shera e Cleveland (1977:257) afirmam: "paradoxalmente, embora o destino do ADI esteja periclitante, o interesse em melhorar o acesso ao conhecimento acumulado, especialmente o conhecimento científico, está aumentando".

Como resultado dos eventos mencionados anteriormente, a década de 1960 foi marcada pelo crescente desenvolvimento dos mecanismos tecnológicos aplicados à documentação e à recuperação da informação:

> Transferência de informação é uma parte inseparável da pesquisa e do desenvolvimento. Todos os que estão ligados à pesquisa e ao desenvolvimento — cientistas, engenheiros, instituições industriais e acadêmicas de pesquisa, sociedades técnicas, órgãos governamentais — devem assumir sua responsabilidade em relação à transferência de informação no mesmo grau e no mesmo espírito com que assumem a responsabilidade pela pesquisa e pelo desenvolvimento.[11]

Cresce significativamente o interesse científico e governamental pelas questões relacionadas à informação, desenvolvem-se os sistemas nacionais de informação e surgem organizações tais como a Science Information Exchange, o National Referral Center e o Committee on Scientific and Technical Information. O American Documentation Institute torna-se, em 1968, a American Society for Information Science (Asis).

A questão, agora, não é mais a definição de documentação, e sim a definição e interpretação de "ciência da informação". Promove-se um grande esforço acadêmico visando: a) reconhecer a polissemia do termo informação e as diferentes características do fenômeno informacional; b) reconhecer e exercer a interdisciplinaridade da área; e c) perceber a real participação das "tecnologias da informação" na área, repudiando a interpretação de "ciência da informação" como sinônimo de "informática".

---

[11] Relatório Weinberg, apud Shera e Cleveland (1977:257).

Desde então, a ciência da informação ultrapassou as fronteiras do interesse norte-americano e ganhou estatura acadêmica e institucional em diferentes países.

Ciência da informação: principais tentativas de conceituação

Embora não haja consenso, muitos autores consideram 1962 e a conferência realizada no Georgia Institute of Technology como o ano e o local de nascimento formal da área, entendida então como "a ciência do armazenamento e recuperação da informação".

A definição emanada da conferência, uma das mais antigas definições de ciência da informação, é a que ganhou aceitação básica, visto que a maioria das outras constitui-se em variações da mesma:

> Ciência que investiga as propriedades e o comportamento da informação, as forças que governam o fluxo de informação e os meios de processar a informação para ótima acessibilidade e uso. O processo inclui a origem, a disseminação, a coleta, a organização, o armazenamento, a recuperação, a interpretação e o uso da informação. O campo está relacionado com matemática, lógica, linguística, psicologia, tecnologia da computação, pesquisa operacional, artes gráficas, comunicação, biblioteconomia, administração e algumas outras áreas.[12]

Machlup e Mansfield (1983) assim sistematizaram os usos fundamentais do conceito de ciência da informação na literatura: a) estudo sistemático da informação, podendo incluir a combinação de diversas disciplinas acadêmicas; b) estudo de fenômenos de interesse para os que lidam com computadores como processadores da informação, observado quando se expressa em termos de *ciência da informação e computação;* c) estudo visando a aplicação de novas tarefas e novas tecnologias às práticas tradicionais de biblioteconomia, observado quando se expressa em termos de *ciência da informação e biblioteconomia;* d) nova área de estudos desenvolvida a partir da interseção das outras três áreas mencionadas e interessada sobretudo em facilitar a comunicação da informação científica e tecnológica e a aplicação de métodos de pesquisa para o estudo de sistemas e serviços de informação. Neste último caso, para os autores, trata-se da ciência da informação em seu

---

[12] Shera e Cleveland, 1977:265.

sentido mais restrito, o que os leva a discutir a possibilidade de uma tal ciência em que o problema da informação não esteja relacionado nem à ciência da computação nem à biblioteconomia.

É tentadora a "subliminar" proposta, subjacente à categorização de Machlup e Mansfield, de se estabelecer um quadro classificatório das definições de ciência da informação tal como aparecem na literatura, mas essa tarefa implicaria objetivos exclusivos. Assim, considera-se que a síntese proposta pelos autores é suficiente para os objetivos deste capítulo, no qual serão abordadas as principais tentativas de conceituação da ciência da informação, com ênfase nas tentativas de explicitação de seu objeto de estudo. Tal ênfase se justifica na medida em que à temática da interdisciplinaridade interessa cotejar os objetos de estudo das disciplinas em questão.

A proposta de sistematização apresentada por Klaus Otten em 1970, justamente sublinhada por Shera e Cleveland (1977:265), estabelece quatro pontos que deveriam ser considerados os pilares de uma ciência da informação: a) o reconhecimento do caráter "multinível" da informação; b) o reconhecimento da existência de diferentes conceitos de informação; c) o reconhecimento da interdependência entre matéria, energia e informação; d) o reconhecimento da importância fundamental do processo de comunicação para a existência da informação.

Esses itens, considerados no aspecto mínimo de sua contribuição para as discussões na área, revelam a enorme complexidade relacionada ao conceito de informação, dificuldade que tem marcado inequivocamente a área e à qual se pode atribuir em parte a sua pouca densidade teórica.

Em artigo publicado em 1978, Belkin afirma que seu principal objetivo é revisar as contribuições à construção de um conceito de informação para a ciência da informação, o qual ainda não teria se mostrado capaz de sustentar o conjunto de suas práticas e de suas demandas de construção teórica.

Para Belkin (1978:60), a questão central não é estabelecer uma definição singular para a informação, e sim conceitos em cuja pluralidade se poderiam identificar maneiras de ver e interpretar o fenômeno da informação, mais do que afirmar o que ele vem a ser. Sugere, portanto, que analisemos os conceitos de informação segundo um conjunto mínimo de requisitos para a definição de qualquer conceito científico e que podem ser assim classificados: "metodológicos", tendo a ver com a utilidade do conceito; "comportamentais", tendo a ver com os fenômenos que o conceito deve explicar; e "definicionais", tendo a ver com o contexto do conceito. Jardim e Fonseca (1998b:2) sistematizaram as ideias de Belkin:

> No âmbito definicional estariam os tipos de informação que concernem à ciência da informação: informação dentro de um sistema de comunicação de conhecimento; informação na relação entre o gerador e o usuário e entre estes e a informação (informação desejada). No âmbito comportamental são identificadas as questões relativas às diferentes "respostas" que diferentes usuários fornecem ao mesmo conjunto de informações, às diferentes respostas que os mesmos usuários oferecem aos mesmos conjuntos de informações em diferentes épocas, e à influência que a apresentação do conjunto de informações tem na natureza da reação que provoca. No âmbito metodológico estão inseridas as questões relativas ao uso instrumental do conceito.

Continuando sua análise, Belkin (1978:62) sugere o seguinte quadro mostrando os requisitos para um conceito de informação:

1. deve referir-se à informação dentro de um contexto de comunicação voluntária e compreensiva (D);

2. deve referir-se à informação como um processo social de comunicação entre seres humanos (D);

3. deve referir-se à informação que é solicitada ou desejada (D);

4. deve referir-se ao efeito da informação sobre o receptor (D/C);

5. deve referir-se às relações entre informação e o mapa cognitivo do gerador ou receptor (D/C);

6. deve referir-se às variações observadas no efeito de mensagens apresentadas de diferentes formas (B);

7. deve ser generalizável além do caso individual (M);

8. deve oferecer meios de prever os efeitos da informação (M).

Sendo D (requisito definicional), C (requisito comportamental) e M (requisito metodológico). Requisitos 1 a 6 são relevantes e requisitos 7 e 8 são operacionais.

Belkin constrói, pois, um quadro classificatório dividido em oito categorias, com base na generalização e aplicabilidade decrescentes, a partir das quais analisa diferentes conceitos de informação, cotejando-os com os requisitos indicados e os critérios de operacionalidade e relevância. Por sua importância como padrão geral de análise do conceito de informação para a ciência da informação, elaborou-se a seguir uma síntese da categorização de Belkin.

1. *Conceitos decorrentes da teoria matemática da comunicação,* na qual o conteúdo é dissociado da informação, considerando como relevante a sua escolha num rol de mensagens possíveis. Segundo Belkin, apesar das tentativas de Artandi e Belzer para aplicar a teoria da comunicação matemática no âmbito da ciência da informação, o consenso entre os estudiosos da matéria — e só aí ele existe — é de que a informação para tal ciência deve ser significante, cabendo considerar seu efeito sobre o receptor.

2. *Informação como fenômeno geral,* ou seja, a ciência da informação deve ocupar-se da informação como fenômeno geral. Como representante desta linha, Belkin ressalta a proposta de Otten, para quem a ciência da informação deve ser a ciência geral da informação. Apesar de a generalização não permitir a operacionalização, o conceito de informação proposto por Otten traz uma contribuição interessante, na medida em que estabelece um conceito geral de informação no qual ela é uma mudança interna no sistema, mesmo que possa ou não ser observada externamente.

3. *Informação como categoria e como propriedade da matéria,* tomando por base os preceitos do marxismo-leninismo sobre as propriedades da matéria: variedade e reflexo. A principal tentativa de estabelecer uma conexão entre essas ideias filosóficas e a ciência da informação foi, segundo Belkin, a de Ursul, cujo objetivo era construir um conceito de informação capaz de incorporar todos os conceitos de informação estabelecidos. Assim, Ursul formula um conceito no qual a informação é uma propriedade da matéria e da consciência, agindo para conectar os dois níveis pelo seu relacionamento com a variedade e a reflexão. Apesar dos aspectos de operacionalidade do conceito, este mostrou-se inadequado para estabelecer uma característica universal da informação como propriedade fundamental da matéria.

4. *Informação semântica formal,* na qual Belkin destaca a contribuição de Shreider, que estabelece um conceito de informação segundo o qual a ciência da informação concerne ao que um receptor pode aprender de um texto. Shreider estabelece um meio de mensurar esse aprendizado a partir de uma fórmula que lida com indexação e tesauro, o que significa que seu conceito está demasiadamente vinculado à medida e à metainformação, dificultando a sua operacionalização em nível relevante.

5. *Informação como evento* é o conceito desenvolvido por Pratt, que considera a informação como evento que ocorre num estágio particular do processo de comunicação. Este conceito parte de uma abordagem nova, pois não considera a informação como propriedade da matéria, nem como mensagem ou como receptor: "informação é a alteração de imagem que ocorre quando se recebe uma mensagem".[13] Apesar do inquestionável interesse do conceito, cotejando-o com os requisitos mencionados anteriormente percebe-se que ele não foi definido, operacionalmente, em dois aspectos: não se pode generalizá-lo de um evento informativo para outro e não há como fazer previsões tomando por base a informação, na medida em que esta reside no receptor e não existe externamente.

6. *Informação e incerteza* identificam o modelo proposto por Wersig, no qual a informação é definida como resposta à condição de dúvida-incerteza de um organismo numa situação problemática que não pode ser resolvida diretamente pelos seus estoques de conceitos, eventos e programas. A inadequação do conceito de Wersig aos requisitos de operacionalidade advém do fato de que, como está referido às incertezas do indivíduo, não pode ser utilizado para estabelecer previsões nem serve para uma situação fora do ponto de vista individual.

7. *Informação e tomada de decisão* constituem a base do conceito desenvolvido por Yovits, para quem as informações são dados relevantes para a tomada de decisões, o que significa ações propostas e comportamento inteligente. Assim, tomar decisões significa reduzir incertezas.

8. *Informação social e científica,* cuja premissa inicial é que o objeto da *ciência da informação* deveria limitar-se à *informação* científica. Os principais representantes dessa categoria seriam Mikhailov, Chernyi e

---

[13] Apud Belkin (1978:73).

Gilyaresvsky, que chegaram ao conceito de *informação científica* dividindo, sucessivamente, a ideia de informação (intuitiva) em informação social e não social, informação social em semântica e não semântica, e informação semântica em científica e não científica. Apesar de atender aos requisitos já referidos, não considera o efeito da informação sobre o receptor.

Segundo Mikhailov, o recorte que define o objeto da ciência da informação, ou informática, é bastante claro: "visto que a expressão anglo-americana *ciência da informação* pode levar alguém a interpretá-la num sentido amplo, isto é, como uma ciência que trata de todos os tipos de informação, da informação em geral, julgamos necessário enfatizar que a palavra *informação* aqui significa apenas *informação científica*. (...) A informática é uma disciplina científica que estuda a estrutura e as propriedades gerais da informação científica, bem como as regularidades de todos os processos de comunicação científica" (Mikhailov et al., 1980).

Outro autor que se alinha nessa perspectiva é Zhang (1988), para quem o domínio de estudos da informática — termo que ele emprega segundo a interpretação de Mikhailov — é a comunicação da informação científica. A informação científica seria uma subcategoria da informação do conhecimento, a qual se refere à categoria de informação transmitida na comunicação científica, incluindo aquelas relativas às ciências tecnológicas e sociais. Informação não científica refere-se à informação em outras formas de comunicação de conhecimento, tais como aquelas praticadas por disciplinas do mesmo nível que a informática, ou seja, educação, biblioteconomia, arquivologia, documentação, museologia, jornalismo e comunicação social. Todas estas disciplinas teriam em comum fundamentos teóricos e esforços de aplicabilidade. Do ponto de vista teórico, suas bases estariam nos problemas de natureza, função, geração, transformação e avanço do conhecimento através das comunicações. Em termos práticos, estas disciplinas partilham estudos de metodologias e meios de comunicação do conhecimento. Seus pesquisadores utilizam-se das tecnologias da informação visando modelar sistemas de informação para a comunicação do conhecimento. Os esforços práticos e os fundamentos teóricos comuns resultariam numa *metaciência*, assim denominada porque:

a) permite a descrição das bases comuns de disciplinas relacionadas num nível maior de abstração do que é possível dentro dos limites da contribuição de disciplinas individuais; b) estabelece uma linguagem comum para cientistas e tecnólogos em diferentes campos de especialização; c) estabelece os meios de traduzir conhecimento reunido em um campo para outros campos relacionados.[14]

Zhang chama essa metaciência de *informatologia*, ou seja, o estudo dos princípios fundamentais subjacentes à estrutura e ao uso da informação. A proposta de Zhang, parcialmente esquematizada na figura, é de especial interesse para os objetivos desta pesquisa, na medida em que estabelece relações interdisciplinares entre a arquivologia e a informática (termo por ele usado, como já foi dito, segundo a perspectiva de Mikhailov).

Relações interdisciplinares entre arquivologia e informática

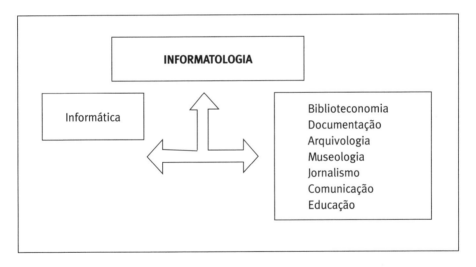

9. *Informação como substituto de conhecimento*, conceito no qual a informação é considerada a representação de um conhecimento ou pensamento. No processo de comunicação, Farradane (1976), autor do conceito, nota que a única parte observável externamente é a representação daquilo que se quer comunicar, ou seja, informação.

---

[14] Otten e Debons, apud Zhang (1988:486).

10. *Informação como estrutura,* como Thompson (1968) propõe, ou seja, uma organização de dados significantes e experiência. A informação não é vista como a estruturação decorrente do evento informativo, e sim como a própria estrutura. Belkin (1978:80) cunhou, nessa categoria, um dos conceitos de informação mais recorrentes na área: "informação é aquilo que é capaz de transformar estruturas".

A ciência da informação e suas relações interdisciplinares

Um dos aspectos mais recorrentes nas análises feitas sobre as características da ciência da informação diz respeito às suas relações interdisciplinares. Na produção dos autores que poderiam ser chamados de fundadores do pensamento epistemológico da área nota-se um interesse constante pela natureza interdisciplinar da ciência da informação.

Corroborando a definição emanada do Congresso da Geórgia, Borko (1968:3) afirma que a ciência da informação é interdisciplinar e que essa interdisciplinaridade se manifesta nas relações com campos tais como "matemática, lógica, linguística, psicologia, tecnologia da computação, pesquisa operacional, artes gráficas, comunicação, biblioteconomia e administração, entre outros".

Foskett (1973:164) percebe relações interdisciplinares entre a ciência da informação e "a antiga arte da biblioteconomia, a nova arte da computação, as artes dos novos meios de comunicação e ciências como a psicologia e a linguística".

Para Brookes (1980:128) "ciência da informação é uma mistura peculiar de linguística, comunicação, estatística e metodologia da pesquisa, junto com algumas técnicas da biblioteconomia, como indexação e classificação".

Le Coadic (1996:22) alarga um pouco o espectro das relações interdisciplinares: "a ciência da informação é uma dessas novas interdisciplinas, um desses novos campos de conhecimento onde colaboram entre si, principalmente, a psicologia, a linguística, a informática, a matemática, a lógica, a estatística, a sociologia, a economia, o direito, a filosofia, a política e as telecomunicações".

Sem deixar explícita a existência de um projeto interdisciplinar envolvendo tais disciplinas, Deschâtelet refere-se ao uso cada vez mais frequente da expressão *information studies,* em vez de *information science,* para denominar o que ele chama de imenso quebra-cabeça (1990:217, grifo nosso):

Em 1984, Alvin Shrader levantou 695 definições diferentes da(s) ciência(s) da informação, nenhuma, no entanto, segundo ele, verdadeiramente aceitável, na medida em que não definem verdadeiramente o sentido do termo. Existem, de toda forma, diversas "ciências da informação": algumas, como a *arquivologia*, a *biblioteconomia*, a *informática*, o *jornalismo* e a *comunicação*, cujo objeto de estudo e pesquisa mais imediato é a *transferência* de informação; outras, como *a psicologia, a sociologia ou as ciências cognitivas, para as quais certos aspectos da transferência de informação constituem um objeto de estudo e pesquisa importante.* Assim é que vemos aparecer, mais e mais, o rótulo "estudos da informação" para substituir "ciência da informação". É um pouco como tentar montar um imenso quebra-cabeça sem ter acesso à imagem da tampa da caixa!

Como se pode ver, para Deschâtelet o objeto da ciência da informação é mais a transferência da informação de uma fonte para um usuário do que a informação em si mesma. Assim, essa área do conhecimento estaria voltada para o estudo da aquisição de conhecimentos, isto é, informações às quais se emprestou uma significação. Adotando um ponto de vista semelhante ao de Zhang, para Deschâtelet essa ciência em gestação seria constituída por várias ciências da informação, como por exemplo a arquivística, a biblioteconomia, a informática, o jornalismo e a comunicação, as quais têm como objeto de pesquisa imediato a transferência da informação.

Por sua importância como teórico da ciência da informação e mesmo por sua influência no desenvolvimento dessa ciência no Brasil, o pensamento de Saracevic reveste-se de especial interesse. Para ele a ciência da informação tem três principais características, que são vetores de seu desenvolvimento e evolução: é interdisciplinar; está inevitavelmente ligada à tecnologia da informação; e tem sua evolução marcada pelo desenvolvimento da chamada sociedade da informação. Segundo Saracevic (1995:6), as áreas com as quais a ciência da informação tem as mais "significativas e desenvolvidas relações interdisciplinares são a biblioteconomia, a ciência da computação, a ciência cognitiva e a comunicação".

Já para Smit, Tálamo e Kobashi (2003:6), que analisam o campo científico da ciência da informação a partir de um estudo terminológico,

> A alta proporção de "noções emprestadas" é reveladora, a nosso ver, de uma interdisciplinaridade formal, que não reflete uma interdisciplinaridade real, mas um "empréstimo" de termos de outras áreas sem que haja uma adaptação, ou customização, dos conceitos aos propósitos da área.

Capítulo 2

Arquivologia: origens e circunstâncias

>Entre a ciência e a experiência há o saber: não a título
>de mediação invisível, de intermediário secreto
>e cúmplice, entre duas distâncias tão difíceis ao
>mesmo tempo de reconciliar e desembaraçar.
>
>M. Foucault

O interesse por uma reflexão sistemática sobre o surgimento da arquivologia como uma área do conhecimento com limites e fronteiras próprios não tem sido prioritário entre os arquivistas. Jardim (1998:3, grifo nosso) afirma:

>No Congresso [Internacional de Arquivos, promovido pelo Conselho Internacional de Arquivos] realizado em 1988 em Paris, abordou-se o tema dos documentos produzidos pelas novas tecnologias da informação. Os variados aspectos referentes à atuação do arquivista na era da informação foram contemplados no Congresso de 1992, em Montreal. Em 1996, em Beijing, o tema central foi: "Os arquivos ante o final do século: balanços e perspectivas". Em 12 anos, portanto, a comunidade arquivística internacional discutiu respectivamente os documentos, os arquivistas e os arquivos. *A arquivologia — enquanto campo de conhecimento científico — tem sido alocada perifericamente como objeto de discussão, não constituindo o foco central dos temas abordados.* Observa-se, portanto, que o balanço proposto pelo CIA no seu último congresso ateve-se muito mais ao percurso da

profissão de arquivista do que à arquivologia como campo do conhecimento.

Não obstante, os textos que se ocupam em estabelecer as inserções históricas relativas à evolução das práticas arquivísticas, ainda que de forma breve e superficial, são unânimes em afirmar a longevidade da atividade arquivística, considerando que a história dos registros arquivísticos confunde-se com a história das civilizações humanas pós-escrita e que os arquivos, ainda que em suas formas preliminares, surgiram na área do chamado "crescente fértil" e do Oriente Médio, há cerca de seis milênios. Como afirmam Silva e outros (1999:43):

> De fato, os primeiros arquivos reúnem já ingredientes que vieram a tornar-se clássicos e hoje são ainda defendidos pela disciplina. A mais importante das revelações tem a ver com o respeito pelos aspectos orgânicos da estrutura arquivística, como se comprovou em Ebla (Síria). Mas havia também grandes cuidados com a identidade e a autenticidade dos próprios documentos. As placas sumérias evidenciam também, desde cedo, uma estrutura diplomática coerente e eficaz, a qual, em grande medida, servirá de modelo às chancelarias europeias da época medieval e moderna. A correspondência e os contratos administrativos incluem, conforme os casos, a identificação das partes, o nome das testemunhas ou do escriba, a menção da data e, até, a estampagem de selos de validação.

Não cabe aqui aprofundarmo-nos no fascinante mundo da reconstituição arqueológica dos arquivos, mas é interessante observar, a partir do minucioso histórico elaborado pelos arquivistas portugueses Armando Malheiro da Silva, Fernanda Ribeiro, Júlio Ramos e Manuel Luís Real (1999), a estreita relação, estabelecida desde seus primórdios, entre o conhecimento arquivístico, a administração e o governo. Trata-se, sem dúvida, da mais minuciosa e acurada história dos arquivos e das tradições arquivísticas já escrita em língua portuguesa. Além de todos os seus outros méritos, é leitura indispensável para aqueles interessados no aprofundamento do tema da história dos arquivos e das instituições arquivísticas em todo o mundo.

Apesar de reconhecerem esses aspectos, que poderiam ser identificados como primitivos, alguns autores, notadamente autores europeus, consideram que os primórdios do que se poderia chamar de arquivologia remontam ao século XVI. Silva e seus colegas (1999:93-94) afirmam que:

A partir do século XVI, as rotinas da profissão começam a ser frequentemente disciplinadas por normas regulamentares, algumas inclusive de caráter oficial. Não obstante o conteúdo programático das mesmas, verifica-se que elas têm já imanentes princípios gerais de natureza arquivística, os quais irão adquirir depois a forma de postulados, levando ao nascimento de uma nova disciplina — a arquivística — como construção conceitual e sistemática do saber adquirido por uma prática milenar da gestão dos arquivos. (...) O "saber" e a "prática" estavam já intimamente ligados desde as civilizações mais antigas. São duas realidades indissociáveis, mesmo na fase em que tal "saber" ainda não encontrava suporte em termos regulamentares. A ordenação sistemática, as primeiras etiquetas e os primeiros inventários são já expressão desse saber.

Duranti (1993:9) considera, mais precisamente, que "os primeiros elementos da doutrina arquivística (*archival doctrine*) podem ser encontrados no último volume da obra monumental de Dom Jean Mabbilon sobre diplomática, publicada em 1681". Esse momento é marcado pela valorização dos exemplares diplomáticos, que eram perscrutados e analisados individualmente. Na opinião de Marc Bloch, fundador do movimento da história nova, conhecido como a escola dos *Annales*, "naquele ano de 1681, ano da publicação do *De re diplomatica*, na verdade uma grande data na história do espírito humano, a crítica aos documentos de arquivo foi definitivamente fundada".[15]

Não se pode, naturalmente, considerar a publicação desse tratado clássico de diplomática como uma obra isolada. Em meados do século XVII, várias obras do mesmo caráter foram escritas, e o interesse pelo estudo das características de validade dos documentos legais, ainda chamados de diplomas, surgiu do questionamento do valor legal da "doação de Constantino". Diz Le Goff (1984:100):

> (...) o famoso humanista florentino Lorenzo Valla demonstra, mediante argumentos filológicos e em resposta à demanda de Afonso o Magnânimo, rei de Aragão e de Sicília, no seu tratado *De falso credito et ementita Constantini donatione declamatio* (1440), que a famosa doação de Constantino, com a qual o imperador teria feito dom ao papa do Estado pontifício, é um falso diploma. A *Declamatio* é publicada apenas em 1517.

---

[15] Apud Le Goff (1990:28).

No século XVIII assiste-se à constituição de depósitos centrais de arquivos em São Petersburgo, em 1720; em Viena, em 1749; em Varsóvia, em 1765; em Veneza, em 1770; e em Florença, em 1778. Da mesma forma, surgem os grandes museus públicos e nacionais: o Louvre, em 1793, o Museu de Versalhes, em 1833, o Museu das Antiguidades Nacionais, em Berlim, em 1830, o Museu Nacional do Bargello, em Florença, em 1859. Foucault (1990:145-146) afirma:

> Sabe-se da importância metodológica que assumiram esses espaços e essas distribuições "naturais" para a classificação, nos fins do século XVIII, das palavras, das línguas, das raízes, dos documentos, dos arquivos, em suma, para a constituição de todo um ambiente de história. (...) A conservação cada vez mais completa do escrito, a instauração de arquivos, sua classificação, a reorganização das bibliotecas, o estabelecimento de catálogos, de repertórios, de inventários representam, no fim da idade clássica, mais que uma sensibilidade nova ao tempo, ao seu passado, à espessura da história, uma forma de introduzir na linguagem já depositada e nos vestígios por ela deixados uma ordem que é do mesmo tipo da que se estabelece entre os seres vivos.

No entanto, a maioria dos autores considera a publicação do manual escrito em 1898 pelos arquivistas holandeses S. Muller, J. A. Feith e R. Fruin como o marco inaugural do que se poderia chamar de uma disciplina arquivística, como um campo autônomo de conhecimento.

Por exemplo, Thomassen (1999:2): "arquivologia clássica (isto é, arquivologia assim como foi codificada pelo manual de Muller, Feith e Fruin em 1898..."; Schelemberg (1973:36): "do ponto de vista da contribuição universal para a arquivística, o mais importante manual escrito sobre administração de arquivos é, provavelmente, o de um trio de arquivistas holandeses..."; Heredia (1983:28): "o desenvolvimento da arquivologia moderna tem muito a ver com a difusão do manual dos arquivistas holandeses Muller, Feith e Fruin, editado em 1898..."; Lodolini (1988:119): "o século se fecha com a publicação do famoso manual de arquivologia, redigido sob os auspícios da Associação dos Arquivistas Holandeses, em 1898..."; Silva e outros (1999:117): "publicada em 1898 por Muller, Feith e Fruin, esta obra representa a libertação da arquivística da posição secundária a que tinha sido remetida pelo historicismo do século XIX. Ainda hoje surpreende pela sua grande atualidade (...) pode-se afirmar que a fundamentação teórica e a grande maioria das recomendações nela contidas permanecem irrepreensíveis".

A obra, intitulada *Handeigling voor het ordenen en beschrijven van Archieven*, foi publicada sob os auspícios da Associação de Arquivistas Holandeses, com a colaboração dos Arquivos de Estado do Reino da Holanda e do Ministério do Interior (subordinação administrativa à época em que ela foi escrita), e consiste no arrolamento de 100 regras ou princípios considerados fundamentais para o arranjo e descrição de arquivos. Segundo Cook (1997b:4), "cada uma das 100 regras foi amplamente discutida na Associação durante a década de 1890. O *Manual dos holandeses* teve a maior influência, porque foi o primeiro e porque alcançou muitos arquivistas através de traduções para o francês, alemão, inglês, italiano, português, chinês, entre outras". No Brasil, foi traduzido e publicado em 1960 pelo Arquivo Nacional, quando era seu diretor-geral o historiador José Honório Rodrigues, que em seu prefácio afirma: "obra fundamental, sua publicação é mais um sinal da renovação arquivística do nosso país". Em 1973 foi publicada uma segunda edição, também pelo Arquivo Nacional.

O manual dos arquivistas holandeses é um texto exaustivo, em cuja introdução seus autores afirmam: "é este um livro enfadonho e meticuloso. Fica o leitor avisado". De forma alguma! O *Manual dos holandeses* é fundamental e, em que pese a seu caráter pragmático e às referências obrigatoriamente fixadas, geográfica e historicamente, sua leitura, como aquela de qualquer clássico, explica o caminho percorrido e ilumina o que se há de percorrer.

A partir do estabelecimento do *Manual dos holandeses* como marco fundador da codificação da disciplina arquivística podem ser apontados alguns tópicos importantes na análise das características de configuração da área, tanto do ponto de vista de suas bases teóricas e conceituais quanto de sua inserção histórica e geográfica. A análise desses pontos remete: a) à inserção da arquivologia na *episteme* da modernidade, especialmente na chamada "esfera política"; b) à consequente importância das instituições arquivísticas para lidar com os problemas de uma administração pública que deve ser eficiente; c) à subordinação da disciplina em relação ao seu objeto, ou seja, se a ideia de arquivo estiver clara, estará clara a ideia de arquivologia; e d) à tradição manualística da área, às suas limitações e às tentativas de generalizar o particular, favorecendo o império da norma.

Arquivologia e modernidade

O primeiro desses pontos diz respeito à inscrição do nascimento da arquivologia na modernidade, que, segundo Giddens, "se refere aos modos de vida ou organização social que emergiram na Europa a partir do século

XVII e que se tornaram subsequentemente mais ou menos mundiais em sua influência".[16]

As discussões em torno das características e da importância da modernidade têm sido "amplas, gerais e irrestritas"... Como disse Ianni (2002:2):

> Sim, a modernidade leva consigo alguns lemas fundamentais: razão e esclarecimento, ordem e progresso, evolução e racionalização, reforma e revolução, democracia e cidadania, ou razão e emancipação. São lemas que assinalam tendências predominantes no vasto e intrincado processo de desencantamento do mundo. Processo esse que se expressa ou simboliza em criações tais como as seguintes: o "príncipe" de Maquiavel, em busca da melhor integração entre a *virtù* e a "fortuna"; os *idola* que Bacon considera impedimentos ao exercício da reflexão e do experimentalismo; o "penso, logo existo", com o qual Descartes institui o primado do sujeito do conhecimento; o "bom selvagem", com o qual Rousseau reflete criticamente sobre a formação da sociedade civil, isto é, burguesa; a "razão iluminista", que Kant considera prerrogativa do homem moderno; a "autoconsciência" emergindo da dialética "servo e senhor", conforme a alegoria de Hegel; a "luta de classes", como lei geral da história, com a qual Marx desvenda as condições e as possibilidades da "sociedade sem classes"; a "racionalização do mundo" diagnosticada por Weber em suas pesquisas sobre o capitalismo moderno; o contraponto "id-superego-ego" revelado por Freud, indicando o que pode haver de "inconsciente" ou "não racional" em cada indivíduo, inclusive filósofo, cientista ou artista; a antinomia "razão crítica" e "razão instrumental", sempre presente no desencantamento do mundo em curso nos tempos modernos, de acordo com as formulações de Adorno, Horkheimer e Marcuse.

Não serão feitas, portanto, tentativas de aprofundar essa reflexão. Pretende-se, apenas, observar alguns aspectos daquilo que Foucault (1995:217) chama de *episteme*, ou seja,

> algo como uma visão do mundo, uma fatia de história comum a todos os conhecimentos que imporia a cada um as mesmas formas e os mesmos postulados (...). Por *episteme* entende-se, na verdade, o conjunto das relações que podem unir, em uma dada época, as práticas discursivas que dão

---

[16] Apud Rouanet (2001:48).

lugar a figuras epistemológicas, a ciências, eventualmente a sistemas formalizados (...).

Assim, seguindo a análise feita por Rouanet (2001:48-49, grifo nosso), poder-se-ia dizer que a modernidade é o resultado dos processos desencadeados por dois vetores: a eficácia e a autonomia, nas esferas política, econômica e cultural. Na esfera econômica, a modernidade tem a ver com "a livre mobilidade dos fatores de produção, o trabalho assalariado, a adoção de técnicas racionais de contabilidade e de gestão, a incorporação incessante da ciência e da técnica ao processo produtivo" e também "a capacidade de obter pelo trabalho os bens e serviços necessários ao próprio bem-estar". A modernidade política poderia sintetizar-se na ideia do Estado moderno, "dotado de um *sistema tributário* eficaz, de um exército permanente, do monopólio da violência, de uma administração *burocrática racional*", mas também "significa capacidade de exercer plenamente a cidadania, um estado de direito que assegure a vigência integral da democracia e dos direitos humanos". Na esfera cultural, modernidade "implica a diferenciação de esferas de valor, até então embutidas na religião: a ciência, a moral, o direito, e a arte (...) significa o livre uso da razão, sem tutelas de quaisquer natureza (...) num contexto institucional 'desencantado', secular, liberto de todos os jugos espirituais".

Por razões que se espera fiquem claras ao longo do texto, o desdobramento dessa análise se dará prioritariamente naquilo que é identificado como a esfera política da modernidade ou, mais precisamente, nos aspectos que se associam aos objetivos deste livro, a saber: a burocracia e a busca da eficiência na esfera da administração pública, e a criação das instituições arquivísticas modernas.

Estado nacional e administração pública: eficiência e burocracia

O aparelho de Estado é dominado pela burocracia.

José Maria Jardim

As ideias subjacentes à formação do Estado moderno passam pelas reações contra o Estado absolutista, através das quais se desenvolve o pensamento político dos séculos XVII e XVIII. Grande parte das teorias elaboradas em direção à formação do Estado liberal e democrático está inspirada numa ideia fundamental: o estabelecimento de limites ao poder do Estado.

Segundo a síntese elaborada por Fonseca (1996), as teorias propostas contra o abuso de poder podem classificar-se em três grandes grupos:

▼ teorias dos *direitos naturais*, em cuja base filosófica ergue-se o argumento de que existe, além do direito proposto pela vontade do soberano, um direito inerente ao homem individual pela sua própria condição humana, independentemente do fato de pertencer a esta ou aquela comunidade política;

▼ teorias da *separação dos poderes*, baseadas na ideia de que, mesmo considerando direitos naturais preexistentes e externos ao Estado, é mais conveniente limitar o poder estatal *distribuindo-o* entre diversas pessoas e diferentes órgãos. Isso por duas razões: cada pessoa terá apenas uma parte do poder, e ninguém jamais terá todo o poder; os diferentes órgãos aos quais serão atribuídas funções distintas exercerão um controle recíproco. As funções do Estado — executiva, legislativa e judiciária — serão exercidas por poderes distintos, de tal modo que possa haver controle mútuo. Essa forma de organização foi chamada Estado constitucional;

▼ teorias da *soberania popular* ou *democracia*, cujo argumento principal reside não na limitação do poder do soberano pela evocação dos direitos naturais ou pela distribuição desse poder, mas na obtenção da participação de todos os cidadãos. Trata-se não mais de limitar o poder do Estado, e sim de mudar seu titular.

Essa síntese possibilita destacar o papel das instituições formadoras da administração pública, aí incluídas as instituições arquivísticas, como base da própria ideia de Estado moderno e democrático.

José Maria Jardim (1998) analisa profunda e extensivamente a questão do Estado como campo informacional, enfatizando particularmente as especificidades dos arquivos, considerados não apenas como conjuntos documentais produzidos pela administração burocrática, mas também como instituições inseridas no aparelho burocrático. Portanto, aqui tomaremos como pressupostos os resultados da análise de Jardim (1998:47, grifo nosso):

A informação arquivística reflete e fornece elementos à construção de uma *racionalidade estatal;* os dispositivos de gestão dessa informação expressam *um domínio do saber — o arquivístico — que resulta dessa mesma racionalidade;* os arquivos — *sejam como conjuntos documentais ou como agências do aparelho de Estado* — constituem um mecanismo de legitimação do Estado e simultaneamente agências do poder simbólico.

Da análise de Jardim emergem três pontos que merecem consideração especial dentro do espectro deste livro: a questão da racionalidade na gestão do Estado; as relações entre esta racionalidade e a constituição de um "saber arquivístico"; a superposição terminológica — e os seus significados menos evidentes — dos arquivos como um dado conjunto de documentos e como um determinado tipo de instituição dentro da administração pública. Neste item será abordado o primeiro desses pontos, desdobrado na reflexão sobre o conceito weberiano de burocracia e sobre o conceito de administração pública.

Uma forte conotação negativa acompanha o termo burocracia desde que foi empregado pela primeira vez, na metade do século XVIII, para designar o poder do corpo administrativo de funcionários especializados sob a monarquia absoluta e dependente do soberano. Essa conotação institucionaliza-se na linguagem comum para indicar, de forma pejorativa, a proliferação de normas e regulamentos, sufocando a iniciativa, a eficácia e a eficiência das organizações públicas e privadas. Também nas análises dos pensadores marxistas o termo burocracia aparece com forte conotação negativa, indicando a rigidez do aparelho do Estado e do partido.

Já a tradição técnico-jurídica germânica desenvolveu, durante o século XIX, uma outra concepção de burocracia, empregando o termo num sentido técnico para designar uma teoria e uma práxis da administração pública eficiente, baseada em normas, em funções específicas, em atribuição de esferas de competência bem delimitadas e em critérios de assunção e de carreira no serviço público. Diz Bobbio (1993:124-125):

> Recentemente um autor identificou até sete conceitos modernos de burocracia (...) e perante esta ambiguidade do termo alguns estudiosos se questionaram se não seria mais oportuno considerar o vocábulo como um exemplo das incertas formulações das ciências sociais primitivas e eliminá-lo do léxico científico moderno. Essa pessimística conclusão pode ser, todavia, evitada se tomarmos como ponto de referência a conceituação dada por Max

Weber, que considera a burocracia como uma específica variante moderna das soluções dadas ao problema geral da administração.

A burocracia weberiana se define basicamente: a) pela existência de regras abstratas a que estão vinculados o poder, o aparelho administrativo e aqueles que lhes são subordinados. Assim, os comandos são legítimos quando referidos à ordem jurídica impessoal, devendo-se-lhes obediência também nos limites estabelecidos por essa ordem; b) por relações de autoridade entre posições definidas hierarquicamente dentro de esferas de competência claramente estabelecidas, por uma nítida divisão entre pessoa e cargo, e por funções exercidas de modo continuado e com base em documentos escritos; c) pelo fato de os funcionários serem contratados em virtude de qualificações específicas, em troca de salários estipulados em dinheiro, tendo carreiras regulamentadas, com dedicação integral. Nas palavras de Weber (1979:231-233, grifo nosso):

> A burocracia moderna funciona da seguinte forma específica: I. Rege o princípio de áreas de jurisdição fixas e oficiais, ordenadas de acordo com regulamentos, ou seja, por leis ou *normas administrativas*. (...) III. *A administração de um cargo moderno se baseia em documentos escritos, os "arquivos", preservados em sua forma original ou em esboço* (...). O quadro de funcionários que ocupe ativamente um cargo "público", juntamente com seus arquivos de documentos e expedientes, constitui uma "repartição". IV. A administração burocrática, pelo menos toda administração especializada — que é caracteristicamente moderna — pressupõe habitualmente um treinamento especializado e completo (...). VI. O desempenho do cargo segue *regras gerais, mais ou menos estáveis, mais ou menos exaustivas, e que podem ser aprendidas.*

Segundo Ampudia Melo (1988:38), "os documentos e os arquivos são, como já se disse, a expressão material mais clara e o mais firme sustentáculo da natureza institucional da administração pública".

Ao se falar em administração pública no âmbito dos objetivos deste item, convém deter-se brevemente na questão preliminar da delimitação do sentido de "público". A dicotomia público *versus* privado é considerada uma das grandes dicotomias de que diferentes disciplinas se servem para delimitar, representar e ordenar seu campo de investigação. A análise das categorias constitutivas dessa dicotomia pode levar à pólis grega, mas, segundo Habermas (1984:24, 31-32, grifo nosso):

> somente com a formação dos Estados nacionais é que, num sentido especificamente moderno, separam-se esfera pública e esfera privada. (...) A redução da representatividade pública que ocorre com a mediatização das autoridades estamentais através dos senhores feudais cede espaço a uma outra esfera, que é ligada à *expressão esfera pública no sentido moderno: a esfera do poder público*. Esta se objetiva numa *administração permanente* e no exército permanente (...). Neste sentido estrito, "público" torna-se sinônimo de estatal; o atributo não se refere mais à "corte" representativa, com uma pessoa investida de autoridade, mas antes ao *funcionamento regulamentado*, de acordo com competências, de um aparelho munido do monopólio da utilização legítima da força.

A criação das instituições arquivísticas e sua importância na configuração da área

Não obstante as iniciativas de centralização de arquivos no século XIII, quando praticamente todas as cidades italianas e flamengas promovem a organização e administração de seus arquivos dentro de suas instituições municipais, pode-se afirmar que "a descentralização dos arquivos é o traço característico da administração de arquivos antes da Revolução Francesa".[17]

As instituições arquivísticas, como hoje as concebemos, remontam à criação, em 1789, do Arquivo Nacional da França, primeiramente como arquivo da Assembleia Nacional e depois transformado, em 24 de junho de 1794, no estabelecimento central dos arquivos do Estado, ao qual foram subordinados os depósitos existentes nas províncias. Nestes depósitos deveriam ser recolhidos os documentos produzidos pelos diferentes níveis da administração pública na França.

Conforme tem sido sublinhado na literatura especializada, podem-se identificar três aspectos do modelo pioneiro criado na França, os quais, ressalvadas as necessárias especificidades de cada país, foram amplamente re-

---

[17] Posner, 1985:61.

produzidos na Europa e nas Américas, estabelecendo um modelo institucional que permaneceu o mesmo até meados do século XX. Segundo Franco e Bastos (1986:1),

> Historicamente, a formação dos arquivos nacionais acompanha com relativa precisão a história da formação dos Estados nacionais (...). Compreendê-los é compreender a história da formação nacional e identificar os fluxos e dessintonias do Estado moderno (...). A legislação de arquivos é um ensaio microadministrativo da realidade político-constitucional de cada nação.

Os aspectos a partir dos quais se estabeleceu esse modelo, qual seja, a instituição arquivística como órgão responsável pelo recolhimento, preservação e acesso dos documentos gerados pela administração pública nos seus diferentes níveis de organização, podem ser assim resumidos:

- ▼ uma administração orgânica foi criada para cobrir toda a rede de repartições públicas geradoras de documentos; alguns autores chegam a referir-se a "uma rede de arquivos do Estado";[18]
- ▼ o Estado reconhece sua responsabilidade em relação ao cuidado devido ao patrimônio documental do passado e aos documentos por ele produzidos;
- ▼ a proclamação e o reconhecimento do direito público de acesso aos arquivos: "todo cidadão tem o direito de solicitar em cada depósito a exibição dos documentos ali contidos" (Lei de 7 de messidor, art. 37).

A formulação desse princípio de acesso não significou, no período imediatamente posterior à revolução ou ao longo de todo o século XIX e até meados do século XX, uma mudança substantiva em relação ao acesso extensivo aos documentos recolhidos às instituições arquivísticas, tampouco um maior controle da sociedade civil sobre a administração pública. Consolidava-se uma visão positivista da história e tornava-se um conceito generalizado a ideia de que os arquivos constituíam a base da pesquisa his-

---

[18] Silva, 1999:103.

tórica, de modo que os Estados tinham a obrigação de mantê-los acessíveis. Segundo Duchein (1983:5),

> Em nenhum país — salvo na Suécia, caso único — o direito de acesso aos arquivos estava explicitamente vinculado ao exercício dos direitos democráticos; dito de outra maneira, as leis e os regulamentos foram concebidos para facilitar a investigação de índole histórica e erudita que se baseia nos documentos do passado, mas não para permitir que o cidadão comum conhecesse os procedimentos governamentais e administrativos recentes e atuais.

A evolução política da França, com a ascensão de Napoleão e sua estratégia expansionista para a consolidação do Império, certamente teve reflexos importantes na situação dos arquivos. A partir de 1808 foram promulgadas leis tornando obrigatória a transferência para Paris dos arquivos dos países dominados e dos territórios anexados ou ocupados, o que levou a uma concentração arquivística sem precedentes. Com o fim do Império napoleônico, procedeu-se à devolução dos arquivos aos países de origem, a qual acarretou perda e destruição de documentos.

Tal concentração levou esse grande conjunto documental a ser tratado como se fosse único. Assim, a classificação adotada no Arquivo Nacional da França considerava como um conjunto único a grande massa documental ali reunida. Os documentos eram divididos em cinco seções metódico-cronológicas: *legislativa*, para os documentos das assembleias revolucionárias; *administrativa*, para os papéis dos novos ministérios; *dominial*, para os títulos de propriedade de Estado; *judiciária*, para os papéis de tribunais; e *histórica*, constituída de documentos arbitrariamente selecionados como de particular interesse histórico.[19]

O estabelecimento de tal quadro de classificação, distribuindo os documentos "por cinco seções cronológico-metódicas, ou seja, séries sistemáticas, muito à moda das concepções teóricas herdadas do iluminismo e do enciclopedismo (...) conduziu à desarticulação dos sistemas tradicionais de arquivo, obrigando depois ao estabelecimento de princípios correctores".[20]

---

[19] Ver Jardim e Fonseca (1992).
[20] Silva et al., 1999:103-104.

O princípio da proveniência

O princípio corretor a que se referem Silva e coautores é o "princípio da proveniência". É farta na literatura arquivística europeia a controvérsia sobre a origem primeira do princípio da proveniência. Martín-Pozuelo (1998:25) afirma que "a formulação do princípio da proveniência não é resultado de um único momento, nem acontece num único lugar". Não obstante, a autora identifica três formulações fundadoras, se não do princípio, pelo menos de seu transbordamento das esferas nacionais e sua consequente aceitação como princípio básico de uma área que se pretende disciplinar.

1. A formulação francesa do *respect des fonds*, do arquivista e historiador Natalys de Wally, então chefe da Seção Administrativa dos Arquivos Departamentais do Ministério do Interior, emanada de uma instrução de serviço desse ministério, a *Instructions pour la mise en ordre et le classement des archives departamentales et communales*, de 24 de abril de 1841. Seus termos podem ser assim resumidos:

    > reunir os documentos por fundos, isto é, *reunir todos os títulos provindos de uma corporação, instituição, família* ou indivíduo, e dispor em determinada ordem os diferentes fundos. Documentos que apenas se refiram a uma instituição, corporação ou família não devem ser confundidos com o fundo dessa instituição, corporação ou família (...). Se, em lugar desse método fundamentado, por assim dizer, na natureza das coisas, se propõe uma ordenação teórica, os arquivos cairão numa desordem difícil de remediar (...). Em qualquer outra classificação que não seja por fundos corre-se o grande risco de não se saber onde encontrar um documento.[21]

2. A formulação alemã de Max Lehmann, diretor do Arquivo Secreto do Estado de Berlim, autor do Regulamento de 1881, a partir do qual se estabelecia a relação entre o respeito à proveniência e o sistema alemão do *Registratur* (órgãos existentes nas administrações de origem germânica cuja função é registrar e classificar todos os documentos recebidos ou produzidos pelos organismos administrativos, usando para este fim meios de referência tais como letras, números etc.), procedendo-se à organização dos documentos nas instituições arquivísticas centrais

---

[21] Wally, apud Duchein (1983:16, grifo nosso).

levando em consideração a origem e a ordem originária, "a partir das marcas que haviam recebido no curso da atividade oficial da repartição respectiva".[22]

3. A formulação contida no *Manual dos holandeses*, cujas normas 1, 2 e 16, segundo Martín-Pozuelo (1998), estabelecem o princípio, partindo da definição mesma de arquivo ("arquivo é o conjunto de documentos escritos, desenhos e material impresso recebidos ou produzidos oficialmente por determinado órgão administrativo ou por um de seus funcionários, na medida em que tais documentos se destinavam a permanecer na custódia deste órgão ou funcionário") e de seu caráter indivisível ("um arquivo é um todo orgânico"), para formular os princípios de sua organização "o sistema de arranjo deve ser baseado na organização original do arquivo, a qual, na sua essência, corresponde à organização do órgão administrativo que o produziu".[23]

Aqui não cabe aprofundar a questão que tem merecido alguma atenção na literatura arquivística, ou seja, se há realmente dois princípios: o *princípio do respeito aos fundos* e o *princípio da ordem original*. Martín-Pozuelo (1998:150) conclui:

> Portanto consideraremos o respeito da ordem natural dos documentos como uma extensão do respeito à procedência dos fundos, e, ambos, os postulados fundamentais do princípio arquivístico da proveniência.

Assim se estabelece o princípio da proveniência, que até hoje representa, apesar de algumas releituras, o paradigma da disciplina arquivística. Criam-se, a partir daí, princípios de classificação e organização próprios para os acervos arquivísticos, subordinados àquelas características inerentes ao conjuntos arquivísticos, especialmente as que se referem à *organicidade* e à *totalidade*.

Outro ponto importante a destacar neste mapeamento das características mais marcantes da arquivologia como disciplina inserida nos princípios da racionalidade administrativa e, portanto, associada aos princípios de eficácia da modernidade política é a ruptura que se estabelece ao se inau-

---

[22] Posner, 1985:67.
[23] Associação dos Arquivistas Holandeses, 1975:12, 18, 44.

gurarem as práticas denominadas *records management* ou gestão de documentos.

A gestão de documentos e a teoria das três idades

Silva e colaboradores situam em meados do século XX as primeiras preocupações mais sistemáticas com a eliminação de documentos arquivísticos e identificam dois principais modelos de ação neste sentido:

▼ o modelo inglês, pelo qual a eliminação ficaria totalmente sob a responsabilidade da administração produtora. Tal posição era defendida pelo eminente arquivista britânico Hilary Jenkinson, para quem a eliminação de documentos não deveria fazer parte das atribuições do arquivista;

▼ o modelo alemão, que, ao contrário, sustenta que a importância da tarefa de eliminação exige a intervenção do arquivista.

Além dos modelos citados, cabe mencionar a importante contribuição do arquivista norte-americano T. R. Schellenberg para a questão da avaliação de documentos. Segundo ele, os documentos arquivísticos têm um valor primário, que por estar ligado aos motivos da criação dos documentos diz respeito à entidade produtora, e um valor secundário, que por estar ligado ao seu conteúdo de caráter informativo diz respeito à investigação científica.

As ideias de Schellenberg plasmam-se no pós-guerra, período que, como já foi visto no capítulo anterior, caracteriza-se pela "explosão documental" e pela evolução das tecnologias da informação. Não se deve perder de vista aqui os aspectos políticos relacionados à Guerra Fria e à polarização do mundo em dois blocos de influência política e ideológica.

Apesar dos indícios já mencionados de preocupação com avaliação e seleção de documentos, tais atividades se consolidam nos Estados Unidos, nas práticas da gestão de documentos. Segundo a legislação norte-americana, gestão de documentos é

> o planejamento, o controle, a direção, a organização, o treinamento, a promoção e outras atividades gerenciais relacionadas à criação, manutenção, uso e eliminação de documentos, com a finalidade de obter registro adequado e apropriado das ações e transações do governo federal e efetiva e econômica gestão das operações das agências.

A efetivação da gestão de documentos é resultado dos relatórios e das recomendações da Comission on Organization of the Executive Branch of the Government, conhecida como Comissão Hoover, que teve duas versões, a primeira em 1947 e a segunda em 1955.

Artel Ricks, em seu relatório apresentado ao VIII Congresso Internacional de Arquivos realizado em Washington em 1976, afirma que os princípios da gestão de documentos representam uma revolução na arquivologia, ocorrida nos Estados Unidos em função, principalmente, de três aspectos:

▼ a herança multicultural que caracteriza esse país, trazendo para os diferentes estados da Federação padrões diversificados de cultura administrativa;

▼ o crescimento geométrico do volume de documentos com que lida a administração pública americana. O quadro 1 mostra esse crescimento, desde a Guerra da Independência:

Quadro 1

Crescimento do volume de documentos na administração federal norte-americana desde a Guerra da Independência

Período	Anos	Volume (m³)
1776-1861 (da Guerra da Independência à Guerra Civil)	85	3.000
1861-1914 (da Guerra Civil à I Guerra Mundial)	53	45.000
1914-1929 (da I Guerra Mundial à crise de 29)	15	105.000
1929-1942 (da crise de 29 à II Guerra Mundial)	13	300.000
Estimativa de produção anual após a II Guerra Mundial		60.000
Produção em 1970		120.000

Fonte: Esposel, 1994:109.

▼ o progresso tecnológico e econômico dos Estados Unidos e seu grande interesse pelos aspectos relativos à eficácia e à eficiência na administração, inclusive na administração pública. Como observa Jardim (1987:36), "iniciava-se a era da administração científica (...) a palavra-chave das administrações passou a ser eficiência".

Dentro das recomendações da Comissão Hoover, foi criada em 1950 uma nova agência na administração federal americana, o National Archives and Records Service (Nars),[24] com duas subdivisões principais: Office of Records Management e Office of the National Archives. Sob a tutela do primeiro, foram criados os *records centers*, "depósitos às vezes especialmente construídos para a armazenagem eficiente e de baixo custo de documentos que aguardam sua destinação final, bem como para acesso aos mesmos".[25]

Assim, nos primeiros anos do pós-guerra se redefine o campo arquivístico, a partir, segundo Jardim e Fonseca (1998a),

> da intervenção nas seguintes etapas do ciclo documental: produção, utilização, conservação e destinação de documentos. Estas transformações tiveram impacto bastante relevante no perfil das instituições arquivísticas — como também na arquivologia e nos profissionais da área —, inserindo-as profundamente na administração pública, na medida em que não mais se limitavam a receber, preservar e dar acesso aos documentos produzidos pelo Estado, mas, antes, assumem a liderança na execução das políticas públicas relacionadas à gestão de documentos.

Tal impacto pode ser avaliado a partir da cisão, típica da arquivística norte-americana e de alguns países anglo-saxônicos, entre *arquivistas*, profissionais encarregados dos arquivos permanentes, e *records managers*, profissionais encarregados da gestão de documentos, uns e outros constituindo categorias profissionais distintas.

---

[24] Em 1985 o Nars transforma-se em National Archives and Records Administration (Nara), que é hoje a instituição arquivística mais bem situada na hierarquia das administrações públicas em todo o mundo.
[25] Nara, 1986:14.

Tal cisão vai muito além do que se poderia qualificar como questões corporativas e profissionais, chegando mesmo a estabelecer uma separação entre a arquivologia e a gestão de documentos. Tanto assim que, na tentativa de superar essa cisão, os arquivistas canadenses formulam o conceito de uma "arquivística integrada", proposta como nova versão da disciplina. Couture e Rousseau (1998:284, grifo nosso) definem em seu glossário:

> Arquivística — disciplina que rege a gestão da informação orgânica (arquivos). Pode assumir três formas: uma forma exclusivamente administrativa (*records management*), cuja principal preocupação é o valor primário do documento; uma forma tradicional, que ressalta unicamente o valor secundário do documento; *uma forma nova, integrada e englobante, que tem como objetivo ocupar-se simultaneamente do valor primário e do valor secundário do documento.*

O interesse por tal cisão extrapola os estudos disciplinares, uma vez que a mesma parece ter sido incorporada aos estudos interdisciplinares, conforme fica claro em Robredo (2003:104), ao estabelecer as áreas de conhecimento envolvidas na ciência da informação: "biblioteconomia e (...) gestão de documentos".

Também relacionado com as questões aqui analisadas, ou seja, o princípio da proveniência e a gestão de documentos, é o fato, nunca explorado na literatura arquivística, de que ambas as rupturas — pois como tal são consideradas nessa literatura — resultam de documentos tipicamente administrativos: o princípio da proveniência tem sua origem numa instrução de serviço, e a gestão de documentos, num conjunto de artefatos burocráticos: as recomendações de uma comissão de reforma administrativa, o regimento de uma nova agência governamental e uma lei. Isso adquire especial importância nas tentativas de mapear os contornos disciplinares da arquivologia, na medida em que se relacionam com o entendimento dos conceitos de formações discursivas e de sistema de positividades, pilares da proposta de abordagem arqueológica de Foucault (1971:41), que, ao rejeitar que sejam reconhecidas como unidades discursivas apenas aquelas que ele chama de convencionais, ou seja, o texto, a obra, a ciência, propõe incluir como elementos formadores das áreas de saber "as regras institucionais, as medidas administrativas, os textos jurídicos, (...) as reflexões políticas, as medidas legislativas, os programas de reforma".

Outro aspecto relacionado às características diplomáticas desses elementos relaciona-se à análise feita por Jardim (1999a), na qual entretece os postulados teóricos de Chartier, Bourdieu e Polantzas, urdindo definitivamente a inserção dos arquivos e da arquivologia no quadro das "escritas" e dos "saberes" de Estado. Essa abordagem é fundamental para o reconhecimento das fronteiras da disciplina arquivística e de suas possibilidades interdisciplinares. Analisando o pensamento de Bourdieu, diz Jardim (1999a:45):

> Em torno de uma escrita do Estado, Bourdieu (1996, p. 105) assinala como este "concentra a informação, que analisa e redistribui. Realiza, sobretudo, uma unificação teórica. Situando-se do ponto de vista do todo, da sociedade em seu conjunto (...)". O Estado é o responsável pelas operações de totalização (recenseamento, estatística, contabilidade nacional), de objetivação (cartografia) por meio da escrita, *"instrumento de acumulação do conhecimento (por exemplo, os arquivos),* e de codificação como unificação cognitiva que implica a centralização e monopolização em proveito dos amanuenses e letrados" (grifo do autor). Configura-se, assim, uma ação unificadora do Estado, produzindo e legitimando uma cultura dominante, tal como também sugerido por Gramsci.

Também Poulantzas oferece uma expressiva síntese daquilo que se procurou estabelecer aqui, ou seja, as relações entre a arquivologia e os pressupostos da modernidade, e a consolidação daquela como saber autônomo na busca de soluções de eficácia e eficiência para os problemas da gestão documental da administração pública:

> *mais ainda que o discurso-fala, representa aqui a articulação saber-poder em seu seio.* Do traço escrito, da nota, das relações com os arquivos, *nada existe, sob certos aspectos, para esse Estado, que não seja escrita, e tudo que nele se faça deixa sempre uma marca escrita em alguma parte.* (...) Trata-se de uma escrita anônima, que não repete um discurso, mas torna-se trajeto de um percurso, que traça os lugares e os dispositivos burocráticos, percorre e figura o espaço centralizado-hierárquico deste Estado. Escrita que ao mesmo tempo espacializa e cria espaços lineares e reversíveis nesta cadeia consecutiva e segmentarizada que é a burocratização, *papelada da organização estatal moderna que não é simples detalhe pitoresco, mas um*

traço material essencial à sua existência e funcionamento, cimento interno de seus intelectuais-funcionários, encarnando a relação deste Estado e do trabalho intelectual.[26]

Tradição manualística e suas limitações

O arquivista alemão Eckhart Franz (1991:12) classifica como revolucionária a "onda" de novos manuais arquivísticos observada no final dos anos 1980.

É fascinante ver que os clássicos da literatura arquivística, o *Manual holandês*, de Muller, Feith e Fruin, os trabalhos básicos de Jenkinson, Casanova e Schellenberg, que continuavam a ser reimpressos desde os anos 1960, foram ultimamente superados por uma onda de novos manuais e textos em diversas línguas, que dão uma visão atualizada da teoria e da prática arquivísticas.

Em 1989, a Seção de Formação Profissional do Conselho Internacional de Arquivos propôs que um estudo comparativo avaliando os manuais e livros-texto arquivísticos fosse incluído entre os objetivos do plano de ação do Conselho. A partir dessa proposta, o Conselho obteve junto à Unesco o projeto de realização de um estudo Ramp (Records and Archives Management Program) sobre a literatura arquivística. A proposta básica do estudo seria chegar, a partir de consultas feitas a diversos países, a um conjunto de manuais e livros-texto que pudessem ser considerados como exemplares da espinha dorsal da teoria arquivística e que, como tal, pudessem ser publicados como material de interesse comum, para uso didático em nível internacional.

Apesar da inegável importância que o Conselho Internacional de Arquivos confere à questão dos manuais e livros-texto, algumas dificuldades básicas foram identificadas por Franz (1991) no que diz respeito à abrangência possível deste tipo de literatura. Tais dificuldades poderiam ser resumidas em três pontos básicos, detalhados a seguir.

---

[26] Poulantzas, apud Jardim (1999a:46, grifo do autor).

▼ *Cobertura temática da publicação.* A abrangência cada vez maior daquilo que se poderia chamar de um temário arquivístico torna quase impossível seu esgotamento em obras do tipo manuais e livros-texto. O rápido crescimento desse temário e a consequente obsolescência de suas afirmações em face do rápido desenvolvimento tecnológico e das mudanças político-administrativas por que passam os diferentes países exigem atualizações constantes, dificilmente compatíveis com esse tipo de veículo.

▼ *Abrangência nacional dos manuais e livros-texto.* Esse aspecto diz respeito, especialmente, a questões relativas à história dos arquivos, à legislação arquivística, à política nacional de arquivos e de informação, à estrutura das instituições arquivísticas, enfim, a uma ampla gama de temas cuja relevância não é questionada e que são sempre abordados em manuais e livros-texto de um ponto de vista nacional ou local, com referências apenas superficiais a experiências internacionais. Esse fenômeno transforma livros-texto e manuais em veículos de utilização apenas parcial. As questões relativas a gestão de documentos, avaliação de documentos, procedimentos de arranjo e descrição também são bastante variáveis de acordo com as tradições históricas e culturais dos diferentes países, o que diminui ainda mais as possibilidades de utilização extensiva desses documentos.

▼ *Abrangência do nível de aprendizagem.* Na maioria dos países, o ensino da arquivologia pode se dar em diferentes níveis, de acordo com o público a que se destina, seja o profissional de nível acadêmico ou científico, seja o profissional de nível técnico. Para cada um desses públicos, a necessidade de literatura se modifica, criando carências específicas que não são supridas por manuais e livros-texto de abrangência geral. O estudo Ramp proposto pela Seção de Formação Profissional analisou 185 obras, que foram categorizadas a partir do seu conteúdo.[27] O quadro 2, enumerando a tipologia dos documentos abordados, segundo as categorias estabelecidas para o estudo, revela que os manuais e textos gerais ocupam um lugar de destaque entre as publicações na área, representando 25% das publicações analisadas.

---

[27] Ver Rastas (1992).

Quadro 2
Tipologia dos documentos

Categorias	Nº de publicações	%
1. Obras de referência, manuais e livros-texto, coletâneas de artigos	45	24,3
2. Terminologia	5	2,7
3. Teoria arquivística	6	3,2
4. Legislação e organização, legislação, organização e planejamento	12	6,4
5. Administração de arquivos, gestão de documentos, avaliação e eliminação, arranjo e descrição, serviços para o usuário, acesso e guias para o usuário	32	17,2
6. Conservação e restauração, edifícios e equipamentos, segurança, climas tropicais	22	11,8
7. Serviços arquivísticos, arquivos nacionais e arquivos da administração pública, arquivos locais, arquivos de empresas, arquivos privados e outros	31	16,7
8. Documentos especiais, materiais gráficos (mapas, plantas e desenhos técnicos), fotografias e microformas, material audiovisual, documentos eletrônicos	15	8,1
9. Novas tecnologias, reprografia e microformas, automação, história oral	9	4,8
10. Treinamento arquivístico	8	24,3
Total	185	100

Fonte: Rastas, 1992.

O objeto e suas múltiplas facetas

Igualmente relevante é o fato de que o *Manual dos holandeses* não menciona a questão da arquivologia em nenhuma de suas 100 normas ou princípios. Em nenhum momento ele deixa explícita qualquer intenção de codificação de um campo de conhecimento. Na realidade, todas as 100 normas são decorrentes da primeira, na qual os seus autores procuram definir o que é arquivo:

o conjunto de documentos escritos, desenhos e material impresso, recebidos ou produzidos oficialmente por determinado *órgão administrativo* ou por um de seus *funcionários*, na medida em que tais documentos se destinavam a *permanecer sob a custódia* deste órgão ou funcionário.[28]

Esta definição traz em si os dois problemas que justificam a opinião expressa pelo teórico italiano Elio Lodolini (1988:47) sobre os aspectos controversos do conceito de arquivo:

> *(Les) archives, (the) archives, Archiv, archivo, archivio, archief* parecem indicar o mesmo conceito, respectivamente, em francês, inglês, alemão, espanhol, italiano e holandês, isto é, nas seis línguas em que é redigido o *Elsevier's lexicon of archive terminology*. Dizemos parece porque, após um exame apenas um pouco mais profundo, se percebe que, para além do aspecto estritamente léxico, o significado que em cada uma das línguas se dá ao termo arquivo é bastante diferente.

Os dois problemas apontados por Lodolini são descritos a seguir.

▼ *A extensão do arquivo*. Aqui o problema diz respeito a: a) considerar-se como arquivo os documentos produzidos por *instituições, públicas ou privadas, e pessoas físicas*; b) considerar-se como arquivo somente os documentos produzidos por *uma instituição, não por uma pessoa física ou por famílias*.

Os arquivistas holandeses são muito explícitos em sua visão doutrinária a esse respeito quando formulam o princípio de número três:

> Os órgãos administrativos e os empregados de entidades privadas também podem originar um arquivo. (...) No entanto, não abrange o exposto os chamados "arquivos de família". Constituem estes, por via de regra, um aglomerado de papéis e escritos, que os vários membros de determinada família (...) reuniram e conservaram. Os documentos de um arquivo de família não formam "um todo"; foram, não raro, agrupados segundo os mais estranhos cri-

---

[28] Associação dos Arquivistas Holandeses, 1975:13 (grifo nosso).

térios e falta-lhes a conexão orgânica de um arquivo no sentido em que o define o presente Manual.[29]

Sobre este tema, ou seja, sobre a "possibilidade de uma estrutura conceitual comum para arquivos públicos e arquivos pessoais",[30] publicou-se em 1998 um número especial da revista *Estudos Históricos*,[31] com os resultados do Seminário Internacional sobre Arquivos Pessoais, realizado em 1997 sob os auspícios da Fundação Getulio Vargas e da Universidade de São Paulo.

Segundo Terry Cook (1997a), "entre esses dois tipos de arquivos, o público e o pessoal, o oficial e o individual, existe em muitos países uma divisão incômoda, ou mesmo uma tensão".

▼ *O momento em que "nasce" um arquivo.* As tradições arquivísticas podem aqui ser divididas em duas posições: a) aquela que estabelece o nascimento do arquivo no momento mesmo em que os documentos são produzidos na administração; b) aquela que estabelece que um arquivo é constituído apenas quando, levadas a efeito a avaliação e a eliminação dos documentos, se chega a um conjunto que tenha "adquirido dignidade e maturidade arquivística e que seja transferido do órgão produtor para uma instituição encarregada, de modo específico, de sua conservação". O fato de as instituições com essa função nas diferentes tradições administrativas chamarem-se *arquivos* parece fortalecer essa posição.

Essas posições dão origem a uma série de problemas terminológicos e conceituais, e refletem a cisão de que se falou anteriormente. Muitas vezes, vão além do que seria uma cisão, termo que pressupõe uma unidade anterior. Por estarem profundamente ligadas às tradições culturais e administrativas de cada país, mostram bem as dificuldades para se estabelecer uma disciplina arquivística internacional.

À pouca unidade em torno do conceito de arquivo corresponde o mesmo *quantum* de divergência em torno da arquivologia e seu(s) objeto(s) e em torno dos arquivistas e seu papel social. Segundo Jardim (1998:1),

---

[29] Associação dos Arquivistas Holandeses, 1975:19.
[30] Cook, 1997a.
[31] Disponível em: <http://www.cpdoc.fgv.br/comum/htm/index.htm>.

Refletirmos sobre novas dimensões da arquivologia leva-nos, portanto, à hipótese de que a área encontra-se em via de um profundo redimensionamento, num processo reestruturador dos seus espaços. Espaços científicos, tecnológicos, sociais. Espaços de crise e crescimento.

Capítulo 3

Arquivologia hoje: mapeando rupturas

A arquivologia foi profundamente marcada, em suas origens, pelos aspectos pragmáticos vinculados às práticas burocráticas visando eficácia e eficiência na guarda e preservação de arquivos, notadamente os públicos. A questão da arquivologia enquanto área de conhecimento, ou ciência, não era prioritária entre os autores da chamada "arquivologia clássica". O mapeamento de suas fronteiras disciplinares estava "dado" pelas suas características em termos de seu objeto, seus objetivos e métodos, os quais poderiam ser resumidos da seguinte forma:

▼ O *objeto* da "arquivologia clássica" era identificado pelo conjunto de documentos produzidos ou recebidos por uma dada administração; era o arquivo (*fond d'archive*) custodiado por uma instituição arquivística.

▼ Suas principais *entidades* eram os documentos de arquivo como "artefatos" físicos, e as interações entre essas entidades eram consideradas orgânicas por natureza:

> Importa muito que não percamos de vista a tríplice dimensão do objeto da arquivologia e sua *ordem*: arquivos — documentos de arquivo — informação.[32]
>
> Eles [os arquivos] têm, consequentemente, uma estrutura, uma articulação e uma *natural* relação entre suas partes, as quais são essenciais para

---

[32] Heredia, 1983:32 (grifo nosso).

sua significação. A qualidade de um arquivo só sobrevive em sua totalidade se sua forma e relações originais forem mantidas.[33]

Essa visão, no entanto, não é prerrogativa do pensador britânico do início do século XX. Ainda hoje, eminentes teóricos afirmam a naturalidade da acumulação arquivística. Por exemplo, Luciana Duranti (1994:3) assim estabelece as características dos registros arquivísticos:

> *Naturalidade*: os registros arquivísticos não são coletados artificialmente, mas acumulados naturalmente nas administrações, em função dos seus objetivos práticos; os registros arquivísticos se acumulam de maneira contínua e progressiva, como *sedimentos de estratificações geológicas*, e isto os dota de um elemento de coesão espontânea, embora estruturada (organicidade).

▼ Os *objetivos* e a *metodologia* poderiam ser descritos como o controle físico e intelectual dos documentos, a partir da aplicação do princípio da proveniência e de seu desdobramento na ordenação dos documentos de acordo com a organização dada no órgão produtor, na perspectiva de contribuir para o controle da administração em geral e da administração pública em particular, para a preservação da memória e para a garantia de fontes históricas. Ainda segundo Duranti (1994:55):

> Sendo *imparciais* no que diz respeito à criação, autênticos no tocante aos procedimentos, e inter-relacionados no que tange ao conteúdo, os registros documentais estão aptos a satisfazer os requisitos da legislação sobre valor probatório e constituem a melhor forma não só de prova documental, mas de prova em geral. De fato, os registros, *além das necessidades do direito e da história,* servem à "transparência das ações", um novo e atraente nome para o que mais tradicionalmente constitui a obrigação de prestar contas (*accountability*) *tanto do ponto de vista administrativo quanto histórico.*[34]

---

[33] Jenkinson, apud Laroche (1971:8, grifo nosso).
[34] Duranti, 1994:55 (grifo nosso).

Duas abordagens complementares podem ser consideradas como predominantes nas reflexões sobre o campo do conhecimento arquivístico hoje: aquela que identifica o momento de uma mudança de paradigma e aquela que identifica sua inserção numa nova *episteme* — a pós-modernidade. Ambas as abordagens apontam para mudanças importantes na estrutura da disciplina arquivística e, mais ainda, na maneira pela qual a arquivologia evolui para ser vista como área de conhecimento autônoma.

As duas abordagens não são excludentes, mas, ao contrário, mutuamente referentes, e mapeá-las em separado é uma opção de sistematização, baseada nas ênfases analíticas dos autores envolvidos na discussão.

Ruptura de paradigmas

O modelo de análise da história da ciência elaborado por Thomas Khun em *A estrutura das revoluções científicas* tem sido bastante usado pelos teóricos da arquivologia ao discutirem a ruptura de paradigma vivida pela área atualmente. Segundo eles, a arquivologia vive um momento de "revolução científica".

Na teoria de Khun (1991:84, 116, 219), um *paradigma* "é aquilo que os membros de uma comunidade partilham, *e*, inversamente, uma comunidade científica consiste em homens que partilham de um paradigma". Aquilo que é capaz de provocar um estremecimento na estrutura de um paradigma é uma *anomalia*, "um fenômeno para o qual o paradigma não preparou o investigador". A partir daí emerge um novo paradigma, que é mais do que a rearticulação do paradigma "deposto", pois um novo paradigma significa "uma reconstrução da área de estudos a partir de novos princípios, reconstrução que altera algumas das generalizações teóricas mais elementares do paradigma, bem como muitos dos seus métodos e aplicações". Essa passagem de um paradigma para outro é o que Khun chama de "revolução científica".

Entre os autores que utilizam o modelo de Thomas Khun em suas reflexões sobre a arquivologia destaca-se Theo Thomassen, que relaciona o fim da primeira revolução científica da arquivologia e o consequente estabelecimento de um paradigma com a publicação do *Manual dos holandeses*, no final do século XIX. Tal revolução se caracterizava pela superação da tradição diplomática, ou seja, a análise dos itens documentais individualmente e a consolidação paradigmática da tradição administrativa que estabelecia a primazia do conjunto arquivístico (*fonds d'archive*) e sua dependência em relação ao órgão produtor e à instituição de custódia.

Para Thomassen (1999:7), o desenvolvimento das tecnologias da informação e da comunicação seria a anomalia que está conduzindo a uma mudança de paradigma na arquivologia:

> em nosso caso, o assombroso desenvolvimento das tecnologias da informação e da comunicação deu origem a novas ideias, as quais, num certo ponto, não podem ser integradas às tradições arquivísticas existentes (...). No início dos anos 1980 ficou claro que os computadores afetariam tremendamente o mundo arquivístico, mas a maioria dos arquivistas ainda considerava o computador como uma simples ferramenta técnica.

Justificando sua afirmativa de que a primeira revolução científica na arquivologia foi uma revolução europeia e que a segunda, a que se vive hoje, é originária da América do Norte, Thomassen aponta o arquivista canadense Hugh Taylor como o primeiro a reconhecer que as mudanças no mundo arquivístico geradas pelas novas tecnologias da informação não eram simplesmente técnicas, mas significavam uma ruptura paradigmática.[35]

Considerando que a "revolução científica" está em curso, Thomassen (1999:9) afirma ser muito difícil tentar caracterizar o objeto, os objetivos e a metodologia de uma renovada disciplina arquivística:

> Estamos, como Cristóvão Colombo, no meio de um estágio exploratório, no meio de uma revolução científica, e não conseguimos deixar de descrever o novo paradigma com os termos do antigo e de chamar os nativos americanos de índios, correndo o risco de estarmos geográfica, política ou cientificamente incorretos.

Como Cristóvão Colombo, também Thomassen correu riscos e estabeleceu sua análise dos elementos do novo paradigma da disciplina arquivística em termos de seu objeto, seus objetivos e sua metodologia.

---

[35] Ver Taylor (1987).

- O *objeto* da arquivologia, na perspectiva de um novo paradigma, desloca-se do "arquivo" para a informação arquivística, ou "informação registrada orgânica", expressão cunhada por arquivistas canadenses para designar a informação gerada pelos processos administrativos e por eles estruturada de forma a permitir uma recuperação em que o contexto organizacional desses processos seja o ponto de partida. Para Thomassen, este é um objeto duplo, uma vez que se refere à informação arquivística (conteúdo semântico do documento) e ao seu contexto gerador, ou seja, o processo de criação dos documentos (conteúdo diplomático do documento). Segundo Fonseca (1996:41),

    > Ficam claros, desta forma, os dois níveis de informação contidos num arquivo: a informação contida no documento de arquivo, isoladamente, e aquela contida no arquivo em si, naquilo que o conjunto, em sua forma, em sua estrutura, revela sobre a instituição ou sobre a pessoa que o criou.

- As *entidades* fundamentais da arquivologia também são duplas: o documento individual e suas relações com os processos administrativos geradores.

- Seu *objetivo* vai além da acessibilidade: é a manutenção da "qualidade arquivística", ou seja, da clareza, da força e da resistência dos laços entre a informação e o processo administrativo que a gerou.

- A *metodologia* consiste no estabelecimento, na manutenção e na análise das relações entre os documentos e seus geradores, de forma a estabelecer, manter e analisar a autenticidade, a segurança e a fidedignidade desses documentos.

Apesar de reconhecer que essas rupturas têm sido provocadas em boa parte pelo que ele chama de "revolução digital", Thomassen (1999:10) afirma que o novo paradigma da arquivologia é mais do que a passagem dos documentos em papel para os documentos eletrônicos — é a passagem para uma arquivologia pós-custódia, ou arquivologia pós-moderna:

> Pela primeira vez em seu desenvolvimento, a arquivologia está se transformando em ciência. Em sua fase pré-paradigmática [anterior ao *Manual dos holandeses*] não era uma ciência de forma alguma, e em seu estágio clássico não foi mais que uma ciência auxiliar da história, mas agora, em sua etapa pós-moderna, está adquirindo estatura de ciência, tão autônoma quanto as outras ciências da informação e quanto a história.

Arquivologia pós-moderna

Pode-se considerar que a abordagem identificada como "arquivologia pós-moderna" ou "arquivologia pós-custodial" surge no Canadá no início da década de 1990. Seus principais pressupostos remetem, naturalmente, aos princípios identificados com os preceitos do pensamento pós-moderno. Terry Cook (1997a:15-16), que se pode considerar o "pai" dessa abordagem, afirma que

> O pós-moderno desconfia da ideia de verdade absoluta baseada no racionalismo e no método científicos. O contexto por trás do texto, as relações de poder que conformam a herança documental lhe dizem tanto ou mais que o próprio assunto que é o conteúdo do texto. Nada é neutro. Nada é imparcial. Tudo é conformado, apresentado, representado,[36] simbolizado, significado, assinado por aquele que fala, fotografa, escreve ou pelo burocrata governamental, com um propósito definido, dirigido a uma determinada audiência. (...) Os pós-modernistas procuram desnaturalizar o que presumimos natural. (...) O pós-modernista toma tais fenômenos "naturais" — seja o patriarcalismo, o capitalismo, a religião ou, poderia eu acrescentar, a ciência arquivística tradicional — e afirma que são "antinaturais", ou "culturais" ou, no mínimo, "construções sociais" de um tempo, lugar, classe, gênero, raça etc. específicos.

Dentro desses pressupostos, Cook identifica cinco pontos, que ele mesmo classifica como amplos, de mudanças emergentes que deverão nortear as reconceituações necessárias ao desenvolvimento da área num mundo pós-moderno. Fazer aqui uma síntese desses pontos contribuirá para o entendimento das finalidades deste livro:

1. Uma mudança nas razões mesmas pelas quais arquivos devem ser preservados, uma mudança que desloca as razões da preservação dos arquivos de uma justificativa jurídico-administrativa, ancorada em conceitos de Estado, para uma justificativa sociocultural, ancorada em políticas e usos públicos mais amplos. As instituições arquivísticas foram tradicionalmente fundadas por Estados, para servi-los, como

---

[36] Aqui é interessante observar que a noção de representação da informação é estranha à arquivologia, que tem preferido o termo descrição para identificar essas operações.

parte de sua estrutura hierárquica e cultura organizacional. A arquivologia, então, como já foi afirmado, plasmou-se como "saber de Estado", no estudo das características e propriedades de documentos públicos, em especial dos mais antigos. Embora a manutenção dos registros arquivísticos para assegurar a prestação de contas e a continuidade administrativa governamentais e a proteção dos direitos individuais dos cidadãos ainda seja considerada um dos propósitos fundamentais para a preservação dos arquivos, a "principal justificativa para a existência dos arquivos para a maioria dos usuários e para o público em geral repousa no fato de os arquivos serem capazes de oferecer aos cidadãos um senso de identidade, de história, de cultura e de memória pessoal e coletiva".[37] Essa perspectiva de transbordamento da noção de arquivo para além dos limites institucionais e, mais ainda, dos limites das instituições estatais é mencionada por Chabin (2002:1) em seu estudo sobre o uso da palavra *archives* na imprensa francesa:

> Claro que a palavra é mais frequentemente usada para descrever as responsabilidades dos serviços públicos de arquivo ou o uso de arquivos históricos para publicação ou exposição. Contudo, o emprego do termo *archives* na imprensa vai além dos contextos tradicionais, e hoje ele vem sendo usado, recorrentemente, com significados que parecem novos para mim.

Nessa mesma linha analítica, Ketellar (2002:3) afirma:

> Pesquise em qualquer mecanismo de busca o termo *archives* e você obterá milhões de respostas (o Google forneceu 24,3 milhões em 16 de agosto de 2001, e 33,2 milhões em 21 de abril de 2002),[38] e a maioria delas não se relaciona com "arquivos" ou "documentos de arquivo" no sentido da terminologia arquivística, mas com o valor que a sociedade atribui à preservação do presente para uso futuro. Arquivar, então, não se relaciona com a história, mas com o futuro.

---

[37] Cook, 1997b:24.
[38] Em 26 de fevereiro de 2004, foram 76 milhões de respostas.

Além disso, as instituições arquivísticas deixarão de ser lugares onde os usuários vão obter informações para serem provedores de acesso remoto, via internet, a milhares de sistemas arquivísticos interligados.

2. Outra mudança relaciona-se ao modo pelo qual os arquivistas vêm tentando preservar documentos como evidências autênticas e confiáveis de atos e transações. Ao longo do século passado, eles procuraram entender e iluminar o contexto de proveniência dos documentos tanto quanto seu conteúdo. O primeiro compromisso dos arquivistas era com a proteção da proveniência, preservando uma ordem original para os documentos quando não eram mais "úteis" para uma matriz geradora. Hoje os arquivistas estão tentando manter essas características garantindo que os documentos sejam criados de acordo com padrões aceitáveis de evidência e, além disso, que todos os atos e ideias importantes sejam devidamente documentados. Num mundo de mudanças rápidas e organizações muito complexas, que geram um volume enorme e descentralizado de documentos, num mundo de documentos eletrônicos, com seus registros virtuais e transitórios, seus bancos de dados relacionais e "multidirecionados", suas redes de comunicação interinstitucionais, nenhum registro confiável sobreviveria e estaria disponível para o futuro se o arquivista não interferisse na sua preservação antes mesmo de sua criação.

> A confortável noção de valor permanente de documentos de arquivo através dos tempos deve ser modificada pela simples razão de que os documentos eletrônicos serão ilegíveis ou terão que ser recopiados e reconfigurados em novos softwares dentro de poucos anos.[39]

Os métodos tradicionais de preservação de documentos de arquivo baseados em padrões apropriados de restauração, armazenagem e uso dos suportes físicos tornam-se irrelevantes na medida em que os documentos devem migrar seus conteúdos muito antes da deterioração física de seus suportes, o que está promovendo uma importante reformulação dos pressupostos de proveniência, originalidade e funcionalidade dos documentos. Assim, o princípio da proveniência modifica sua perspectiva de relacionar um documento diretamente a

---

[39] Cook, 1997b:25.

seu "lugar" individual, numa hierarquia organizacional tradicional, e se transforma num conceito mais elástico, refletindo as funções e processos na criação dos documentos, dentro de organizações em constante mudança, interagindo com uma clientela também mutável, refletindo diferentes culturas organizacionais, na maioria das vezes menos verticalizadas, ligadas em rede de curta duração: "proveniência, em suma, está relacionada a função e atividade, mais do que a estrutura e lugar. Proveniência passa a ser mais virtual que física".[40]

3. O terceiro tema refere-se à origem da teoria arquivística. Um século atrás, os princípios arquivísticos resultavam de uma análise de documentos individuais baseada na diplomática, com regras estabelecidas para o arranjo e descrição de séries documentais fechadas, produzidas por estruturas administrativas estáveis e mono-hierárquicas. Hoje se adota uma perspectiva bastante diferente. O foco se transfere do documento em si para o seu contexto de produção, do artefato físico para os objetivos de sua criação. A teoria arquivística se baseia agora na análise dos processos de criação dos registros, mais do que nas metodologias de arranjo e descrição de documentos custodiados em instituições arquivísticas. Pode-se subdividir esse tema em:

a) o documento: as partes componentes dos documentos — estrutura, conteúdo e contexto —, antes fixadas e reunidas num único meio físico, formando uma unidade lógica e física, hoje estão dispersas em diferentes espaços de armazenagem de dados, numa dispersão lógica e física. O documento se transformou, então, de objeto físico em objeto conceitual, controlado por metadados que combinam virtualmente conteúdo, contexto e estrutura. Os documentos deixam de ser artefatos fechados: "o documento não é mais um objeto passivo, um registro de evidência, mas um agente ativo, jogando um papel contínuo na vida de indivíduos, organizações e sociedades";[41]

b) os arquivos, ou *fond d'archives*, à semelhança dos documentos, não mais são considerados como reflexos de uma determinada e estática ordem física de acumulação, e sim como a melhor e mais completa

---

[40] Cook, 2000a:10.
[41] Ibid.

possibilidade de se capturar as múltiplas dinâmicas de criação e autoria que possam estar refletidas em documentos;

c) o arranjo e a descrição passam a concentrar-se menos nos documentos e nos arquivos como entidades físicas, e mais na compreensão das múltiplas inter-relações e usos dos documentos, bem como na incorporação de metadados funcionais do criador para os instrumentos arquivísticos de representação e recuperação da informação;

d) a avaliação deixará de ser uma operação voltada para a análise de um conjunto de documentos em relação ao seu potencial interesse para a pesquisa, passando a concentrar-se na análise das funções sociais do criador dos documentos, seus programas e atividades e na seleção de documentos que melhor sintetizem essas funções, programas e atividades;

e) a preservação não mais será voltada para a restauração, conservação e guarda adequada dos documentos físicos; ao contrário, seu principal objetivo será a migração e emulação constantes dos conceitos e inter-relações que agora definem os documentos eletrônicos para novos softwares. O importante, agora, é a preservação de conteúdos.

4. O quarto tema relaciona-se com o fato de que hoje o arquivista deve ser um mediador ativo na "formatação da memória coletiva através dos arquivos".[42]

> Os arquivistas evoluíram de ascéticos e frios guardiões de uma herança documental para se transformarem em agentes intervenientes, que determinam padrões de preservação e gestão, selecionando para preservação somente uma minúscula parcela do grande universo de informações registradas. Os arquivistas se transformam em ativos construtores de suas "casas de memória". Assim, devem estar sempre atentos ao exame de suas políticas nos processos de criação e formação da memória arquivística.[43]

---

[42] Cook, 2000a:11.
[43] Cook, 1997b:26.

5. O quinto e último tema que emerge da análise de Cook diz respeito ao fato de que a teoria arquivística não deve ser vista como um conjunto imutável de leis estabelecidas desinteressadamente e guardando verdade para sempre; tampouco é linear, formada a partir de um consenso universal. Ao contrário, é uma mistura de diferentes elementos, superpostos e até contraditórios.

> A teoria arquivística evoluiu através de amplas fases da história social e as refletiu: do positivismo europeu do século XIX ao "administrativismo" do New Deal americano e, mais recentemente, do macluhanismo centrado na mídia dos anos 1960 ao historicismo pós-moderno. Se reconhecida, essa natureza mutante da teoria arquivística será sua força, e não sua fraqueza.[44]

É inegável o interesse das novas perspectivas que hoje se abrem para a teoria arquivística. Contudo, é inegável também sua estreita relação com uma realidade europeia e norte-americana. Para a realidade latino-americana, na qual nem os preceitos de uma arquivologia positivista foram consolidados, nem se conseguiu estabelecer relações "administrativistas" com os órgãos da administração pública, é bastante inquietante pensar em termos de uma arquivologia pós-moderna, destinada a lidar com os registros de uma realidade cada vez mais "virtual":

> Essa desigualdade expressa uma certa geopolítica da informação e relaciona-se com a distribuição geopolítica dos recursos informacionais disponíveis no planeta, cuja concentração em alguns países implica limitações consideráveis de acesso à informação. (...) Os arquivistas latino-americanos constituem um coletivo profissional no qual se inserem diversos perfis, mas têm em comum a sua inserção em sociedades profundamente desiguais, periféricas na ordem internacional da informação. (...) um arquivista latino-americano deve, em princípio, confrontar-se com problemas semelhantes, no gerenciamento arquivístico, aos de seus colegas de países centrais. Mas, ao contrário da maioria dos seus colegas do chamado Primeiro Mundo, não conta com políticas públicas de arquivos, administra

---

[44] Cook, 1997b:26.

um enorme déficit de gestão arquivística causado por anos de negligência do Estado e tem uma escassa visibilidade social.[45]

Nos países europeus e na América do Norte, há quase uma década vêm sendo desenvolvidos grandes e complexos projetos de pesquisa internacionais e interinstitucionais envolvendo governos, universidades, indústria e instituições arquivísticas na busca de garantias para o que foi chamado, no início deste capítulo, de "qualidade arquivística" dos documentos eletrônicos.

Couture, Rousseau e Ducharme (1998) apontam diversas tipologias sugeridas por diferentes autores, sistematizando o que deveria constituir o campo de pesquisa em arquivologia. Dos cinco modelos mencionados, quatro estabelecem tipologias na esfera específica dos documentos eletrônicos. É ainda em relação aos documentos eletrônicos que Gracy identifica o campo das relações interdisciplinares com a ciência da informação, estabelecendo cinco condições para o desenvolvimento da pesquisa na área:

> 1. A pesquisa em arquivologia deve superar a simples descrição de eventos; ela necessita de uma metodologia adequada, de análise comparativa, estatística, qualitativa e histórica; 2. a natureza da informação arquivística deve constituir um campo de pesquisa prioritário; 3. a pesquisa em arquivologia deve recorrer às ciências da informação, sobretudo no que se refere aos documentos eletrônicos; 4. a pesquisa em arquivologia deve adquirir uma dimensão internacional; 5. devem ser empreendidos esforços sistemáticos para obter os recursos necessários ao financiamento da pesquisa arquivística.[46]

No Brasil, são muito tímidas as relações entre os arquivistas e os responsáveis pelos projetos do "Governo Eletrônico" e da "Sociedade da Informação". Buscar as causas desse afastamento implicaria o desenvolvimento de outra pesquisa. No entanto, não se chegaria a responder as questões aí envolvidas sem estabelecer, ainda que brevemente, as características da evolução do pensamento arquivístico no Brasil.

---

[45] Jardim e Fonseca, 2003.
[46] Apud Couture, Rousseau e Ducharme (1998:14).

A arquivologia no Brasil

Certamente a história dos arquivos e da disciplina arquivística no Brasil poderia ser analisada desde muito antes da década de 1970, e esta é uma lacuna na historiografia da área em nosso país. Mas essa década foi de fundamental importância para estabelecer alguns parâmetros que ainda hoje definem as questões arquivísticas no Brasil. Assim é que, em 1971, foi criada a Associação dos Arquivistas Brasileiros, que exerceu indiscutível liderança nas conquistas posteriores:

> Na falta de uma centralização ou de uma coordenação administrativa que abranja a totalidade dos arquivos do Brasil, existe no país, desde 1971, um órgão não oficial que assume função notável neste campo. Trata-se da Associação dos Arquivistas Brasileiros, que conta atualmente com mais de 2 mil sócios (...).[47]

Tais conquistas podem ser enumeradas.

1. Os congressos brasileiros de arquivologia, promovidos regularmente desde então. Foram realizados ao todo 13 congressos. Porém, aos esforços da comunidade arquivística brasileira para a realização regular dos congressos não correspondeu um esforço de efetiva divulgação de seus resultados técnico-científicos, sendo publicados os anais de apenas cinco congressos.

2. O primeiro periódico brasileiro especializado na área, a revista *Arquivo & Administração*, cuja publicação manteve periodicidade regular até 1986. O último número da revista foi publicado em 1999.

3. Os cursos de arquivologia em nível superior, sendo de 24 de janeiro de 1972 o voto da Câmara de Ensino Superior que aprova a criação desses cursos.

4. A regulamentação das profissões de arquivista e de técnico de arquivo, obtida em julho de 1978, quando é promulgada a Lei nº 6.546, dispondo sobre a matéria. A profissão de técnico de arquivo nunca foi implementada, pois não existe um curso profissionalizante nessa área.

---

[47] Duchein, 1979:28.

Esse é um fato relevante, na medida em que contribuiu para cristalizar uma visão monolítica do campo de trabalho na área, fazendo com que arquivistas e estagiários de arquivologia se ocupem indiscriminadamente de todas as tarefas relacionadas com o fazer arquivístico.

A falência desse tipo nacional de associativismo, dando lugar a associações regionais, mais capazes, talvez, de lidar com as diversificadas realidades brasileiras, marca o final, nos anos 1990, da liderança da AAB nessa área. Um indício dessa crise foi a não realização do 14º Congresso Brasileiro de Arquivologia em 2003, donde a necessidade de se criarem novos mecanismos de consolidação do campo como área de conhecimento autônoma — por exemplo, restabelecendo os fóruns gerais de discussão teórica, em nível nacional.

A década de 1980, por sua vez, foi marcada pelo fortalecimento, infelizmente conjuntural, das instituições arquivísticas públicas, sob a liderança do Arquivo Nacional:

> A história de todos os ramos de conhecimento e de todas as profissões é pontilhada de termos que repentinamente adquirem um novo sentido, eliminando as acepções anteriores. Foi o que ocorreu com a expressão "modernização de arquivos" na II Conferência Ramp, realizada pela Unesco em junho de 1982. Até essa reunião, a expressão não possuía outro significado além do literal: melhoria das instalações, renovação dos equipamentos ou aperfeiçoamento dos métodos de trabalho dos arquivos. A alteração semântica foi determinada por uma intervenção da diretora-geral do Arquivo Nacional do Brasil, na qual propunha à Unesco o estabelecimento de um "projeto-piloto de modernização em uma instituição arquivística do tipo tradicional". O termo ingressou no vocabulário arquivístico com essa nova acepção, sob o peso dos 150 anos de história dos arquivos da América Latina.[48]

Essa acepção significava romper com o círculo vicioso dos chamados "arquivos nominais", ou seja, as instituições arquivísticas presentes nos organogramas das administrações públicas dos países latino-americanos, com todos os indícios de sua existência, tais como instalações, papéis timbrados

---

[48] Kecskeméti, 1988:5.

e publicações periódicas, mas desprovidas dos recursos materiais e humanos indispensáveis ao exercício das funções arquivísticas essenciais.[49]

Enumerar todos os pontos representativos dessa modernização seria excessivo, uma vez que o projeto desenvolveu-se por toda a década de 1980, gerando uma longa série de eventos. Entre estes destacar-se-ão aqueles considerados mais representativos em cada uma das vertentes do projeto:

▼ no tocante ao fortalecimento de uma rede nacional de instituições arquivísticas, foi criado o Fórum de Diretores de Arquivos Estaduais, que estabeleceu uma cooperação interinstitucional sem precedentes na história das instituições arquivísticas brasileiras. Sob a liderança do Arquivo Nacional, através da Coordenação do Sistema Nacional de Arquivos (Sinar), tal cooperação permitiu a realização de diversos cursos de capacitação em âmbito regional, bem como da Conferência Nacional de Arquivos Públicos, importante encontro de reflexão acadêmica e de fortalecimento político para as instituições envolvidas;

▼ no tocante ao fortalecimento da gestão arquivística, dentro do projeto de reforma democrática do Estado brasileiro em discussão na década de 1980, destaca-se o debate em torno de um projeto de lei para os arquivos brasileiros. Tal lei só foi promulgada em 1991, mas seu debate se estendeu por quase toda a década anterior. Cabe mencionar, também, as gestões feitas pelo Arquivo Nacional junto à Assembleia Constituinte responsável pela elaboração da Constituição de 1988, no sentido de introduzir no texto constitucional referências à gestão arquivística em todos os seus níveis. Destes esforços resultou — o que ficou aquém das expectativas — a inclusão do art. 216, § 2º, na nova Constituição: "cabem à administração pública, na forma da lei, a gestão da documentação governamental e as providências para franquear sua consulta a quantos dela necessitem". Merece destaque, também, a presença das instituições arquivísticas nos debates da reforma administrativa federal de 1985, constituindo a Câmara V — Racionalização, Simplificação e Descentralização Administrativa — da Comissão Especial de Preservação do Acervo Documental (Cepad);

▼ no que se refere à produção e divulgação do conhecimento arquivístico no Brasil, destaca-se o lançamento da revista *Acervo*, com o objetivo de

---

[49] Kecskeméti, 1988:5.

contribuir para o aperfeiçoamento das técnicas arquivísticas e da metodologia de pesquisa histórica, refletindo a produção brasileira nessas duas áreas. A partir de 1993, cada número da revista passou a ser dedicado a um tema distinto. Em 1996, a revista passou a publicar artigos exclusivamente historiográficos;

▼ no tocante à qualificação internacional do pensamento arquivístico brasileiro, vale ressaltar o fato de arquivistas brasileiros serem convidados, pela primeira vez, para proferir palestras no Congresso Internacional de Arquivos. Além disso, o Brasil passou a ocupar um cargo na Secretaria Executiva do Conselho Internacional de Arquivos, bem como a presidência e a vice-presidência da Associação Latino-Americana de Arquivos.

A década de 1990[50] pode ser caracterizada como um período de consolidação da universidade como espaço político e acadêmico importante na configuração do campo arquivístico. Nesse período pôde-se observar:

▼ um aumento significativo do número de cursos de arquivologia no país. Desde 1972 foram criados oito cursos regulares de formação de arquivistas em nível de graduação, três deles ainda na década de 1970: o da Universidade do Rio de Janeiro — Uni-Rio (1977), o da Universidade Federal de Santa Maria (1977) e o da Universidade Federal Fluminense (1978). No início da década de 1990 foi criado o da Universidade de Brasília, e na segunda metade dessa década, os da Universidade Federal da Bahia, da Universidade Federal do Rio Grande do Sul, da Universidade Estadual de Londrina e da Universidade Federal do Espírito Santo. Em 2003 foi criado o curso de arquivologia da Unesp, no *campus* de Marília. Está em estudos a criação de cursos de arquivologia na Universidade de São Paulo e na Universidade Federal de Pernambuco. Assim, o crescimento desses cursos no país é bastante significativo: mais de 100% na década de 1990;

▼ a melhoria da qualificação do corpo docente nos cursos de arquivologia. Os dados levantados revelam que apenas 3,8% dos docentes não possuem qualquer espécie de titulação de pós-graduação; 23% são especialistas,

---

[50] Parte dos dados aqui utilizados foram levantados para a elaboração do texto "Formação e capacitação profissional e a produção do conhecimento arquivístico" (In: *Mesa Redonda Nacional de Arquivos,* 1999. Rio de Janeiro: Arquivo Nacional, 1999).

46% são mestres e 15% são doutores; 91% das dissertações e 100% das teses a que esses títulos dizem respeito foram aprovadas na década de 1990. Outro dado interessante é que 38,46% dos docentes são graduados em arquivologia;

▼ um aumento da contribuição de autores vinculados à universidade na produção científica da área. Em seus estudos, já considerados como classicos, Jardim (1999a, 1999b, 1999c) aponta uma predominância de autores vinculados à universidade no quadro de artigos publicados em periódicos especializados. Ao longo da década de 1990, os autores vinculados a universidades foram responsáveis por cerca de 45% da produção de artigos especializados. Ainda segundo os dados da pesquisa de Jardim, dos seis autores de maior produtividade nessa área, quatro são vinculados a universidades;

▼ maiores possibilidades de áreas de concentração em arquivologia nos cursos de pós-graduação existentes. Não se pode falar em aumento na oferta de cursos de pós-graduação na área arquivística, seja no âmbito dos cursos *lato sensu* ou *stricto sensu,* mas observa-se maior abertura dos cursos de pós-graduação *stricto sensu* em ciência da informação para tratar de questões relativas aos arquivos e à informação arquivística. Nesse aspecto, destaca-se o Programa de Pós-Graduação em Ciência da Informação da Universidade de Brasília, que mantém uma linha de pesquisa, denominada "informação orgânica", voltada para questões relativas à informação arquivística. Destaca-se, também, o programa do DEP/Ibict, por cujos cursos de mestrado e doutorado passou um grande número de docentes com titulação de mestre e doutor dos cursos de arquivologia no Brasil, o que certamente contribuiu para a definição de uma linha de pesquisa denominada "teoria, epistemologia e interdisciplinaridade da ciencia da informação". No caso da UnB, a maioria dos docentes com pós-graduação em ciência da informação obteve seus títulos em universidades estrangeiras ou na própria UnB. Outras iniciativas merecem referência: o Programa de Pós-Graduação em Ciência da Informação da UFMG tem a informação arquivística como subtema da linha de pesquisa "informação e sociedade"; e o Mestrado em Memória Social e Documento, da Uni-Rio, é também uma opção para os que se dedicam à reflexão das questões ligadas à arquivologia;

▼ a desmobilização das instituições arquivísticas, inclusive do Arquivo Nacional. Esse fenômeno faz parte do sistemático desmonte das estruturas administrativas do Estado brasileiro, dentro do quadro neoliberal de Estado mínimo, desmonte que atingiu níveis de absoluta irresponsabilidade no governo Collor, mas que não sofreu reversão nos governos subsequentes. Isso gerou um êxodo de quadros das instituições arquivísticas para a universidade e para outras instituições de informação. O esvaziamento das instituições arquivísticas acarreta certa perda de identidade na área, pois trata-se de um campo de conhecimento que visa atender às demandas da administração pública em diferentes períodos e em diferentes circunstâncias políticas. Em contrapartida, assiste-se à consolidação do Conselho Nacional de Arquivos (Conarq), que hoje exerce um papel de liderança, embora mais na busca de soluções normativas do que na formulação e implementação de uma política nacional de arquivos.

Capítulo 4

Quadros em movimento

Sem pretensão de entrar no vastíssimo e intrincado universo da análise epistemológica, aqui se procura elucidar, a partir de uma dada realidade, aspectos de uma reação à exclusão interdisciplinar que tradicionalmente se verifica nas áreas da ciência da informação e da arquivologia.

O mapeamento que se tentou elaborar nos capítulos anteriores delineia alguns aspectos que podem explicar tal exclusão e outros que parecem aumentar a estranheza em torno dela.

Aqui serão apresentados dados relativos à produção do conhecimento na área arquivística levantados no campo empírico. Na coleta desses dados foram privilegiadas duas instâncias que se acredita sejam representativas dos campos de pesquisa de uma disciplina: os periódicos especializados e a produção de teses e dissertações. A inconsistência dos dados relativos aos eventos científicos da área em nível nacional e internacional não recomendou sua utilização.

A produção do conhecimento e os periódicos

A opção pelo periódico especializado como elemento indicador resulta de sua importância na construção de um campo científico. Mueller (1999) destaca quatro funções dos periódicos científicos: a) lócus de estabelecimento da "ciência certificada", ou seja, partilhada e avalizada por uma comunidade científica; b) canal de comunicação e divulgação científicas; c) memória científica; d) registro de autoria. Assim, os periódicos são importantes parâmetros de análise da configuração de campos científicos, e o interesse acadêmico de cada comunidade científica pelos "seus" periódicos é referência, também, de sua maturidade. É dentro desses parâmetros que se constituiu a base de análise deste capítulo.

Os periódicos e a ciência da informação

O tema central deste capítulo é a produção do conhecimento na área arquivística, mas não se poderiam tecer as conclusões pertinentes sem passar, ainda que brevemente, por esse indicador de produção do conhecimento na ciência da informação, numa perspectiva voltada especificamente para o mapeamento da possível interdisciplinaridade com a arquivologia. Assim, temos, no cenário internacional, análises do *Journal of the Society of Information Science and Technology* (*Jasist*), do *Information Science Abstracts* (*ISA*) e do *Annual Review of Information Science and Technology* (*Arist*). No tocante à produção brasileira, analisou-se a revista *Ciência da Informação*, por suas qualidades de periódico "líder" da área no país. Em cada periódico foram analisados os títulos dos artigos.

Segundo Robredo (2003:118, 120), entre os veículos de comunicação científica disponíveis na ciência da informação destaca-se o *Jasist*, "provavelmente o que mais e melhor tem acompanhado a evolução da área — inclusive adaptando o seu nome às sucessivas mudanças de orientação — e o que melhor cobre o atual escopo da área". Analisando esse escopo, observa-se que as questões explicitamente relacionadas à arquivologia e à gestão de documentos estão incluídas no quarto item, "ciência da informação aplicada, nos subitens automação de escritórios e gestão de documentos; gestão de sistemas de arquivos; gestão eletrônica de documentos; registros eletrônicos, *versioning* (técnica de desenvolvimento de aplicativos de colaboração e interoperabilidade), fluxo da informação, arquivamento, segurança".

Analisando os sumários do *Jasist* desde 1997, encontra-se a seguinte configuração de artigos relacionados à questão dos arquivos: num total geral de 686 artigos, oito (ou 1,2%) estão assim distribuídos: em 1997 e 1998 publicaram-se dois artigos, um em cada ano. Em 1999 e 2000, esse número aumentou para dois por ano, mas em 2001 e 2002, voltou-se ao patamar anterior: um em cada ano.

Em outra publicação da American Society for Information Science and Technologiy, o *Arist*, foram encontrados os seguintes dados: apenas um artigo, publicado no volume 30, de 1995, refere-se explicitamente aos arquivos, embora pelo título (*History, archives, and information science*) se possa imaginar que se trata antes de fontes para a pesquisa histórica do que de arquivologia como campo de conhecimento.

Entre os periódicos de resumo existentes na área da ciência da informação, optou-se por colher dados do *Information Science Abstracts* referentes ao período de 1997 a 2001. O descritor *archives* aí aparece com regularidade, e em 1997 surge o descritor *archivist*, que deixa de constar nos números subsequentes. Em termos do número de artigos indexados, temos uma contagem que sugere crescimento: em 1997, há 53 artigos indexados sob o descritor *archives*; em 1998, esse número sobe para 132; em 1999, baixa para 55, não havendo nos fascículos 11 e 12 nenhum artigo indexado. Em 2000 e 2001, entra-se num patamar de regularidade, sendo indexados, respectivamente, 63 e 61 artigos. Deve-se considerar, no entanto, que na coleção consultada (Biblioteca da Escola de Comunicação da UFRJ, fevereiro de 2002) faltavam três fascículos de 2000 e cinco de 2001.

Esses indicadores, ainda que não exaustivos, revelam uma pequena interseção entre as duas áreas. No cenário nacional, foi analisada a revista *Ciência da Informação*, reconhecidamente o mais tradicional e importante periódico na área no Brasil. Mueller e Pecegueiro (2001:50) utilizam um escopo temático estabelecendo as seguintes categorias principais: a) ciência da informação, biblioteconomia e documentação (generalidades); b) ensino, atividade profissional e de pesquisa; c) organização e gerência de atividades de informação, de bibliotecas e centros de pesquisa; d) estudo de usuário, transferência e uso da informação e uso da biblioteca; e) estudos da literatura e do documento; f) prédios de bibliotecas; g) serviços técnicos; h) entrada, tratamento, armazenamento, recuperação e disseminação da informação; i) outros assuntos correlatos ou adicionais. Nesse escopo, a questão arquivística é explicitada na classe "organização e gerência de atividades de informação, de bibliotecas e centros de pesquisa", na subclasse "arquivos públicos".

A revista *Ciência da Informação* é indexada e resumida em *Paschal Thema: Science de L'Information, Documentation, Library and Information Science Abstracts, Foreign Language Index, Information Science Abstracts, Library and Literature, Páginas de Contenido: Ciencias de la Información, Educacción: Notícias de Educación, Ciencia y Cultura Iberoamericanas, Referativnyi Zhurnal: Informatika*.

Na análise foram considerados os títulos dos artigos, desprezando-se as demais seções da revista. Em 301 artigos publicados entre 1992 e 2002, apenas cinco (1,6%) explicitam a questão arquivística. Explicitar é importante, pois muitos títulos sugerem que se está estudando a *informação arquivística*, mas isso não é reconhecido pelo autor. Este muitas vezes nem sabe que está falando de informação arquivística. Por exemplo, títulos como "Sistemas de informações estratégicas para a vitalidade da empresa" e "Informação: essência da qualidade" (ambos retirados do volume 25, de 1996) sugerem que se está falando de informação registrada orgânica, de informação produzida pelos processos organizacionais, ou seja, que se está falando de informação arquivística. Apesar disso, a questão arquivística não aparece associada a esses tópicos. Em nenhum dos resumos dos artigos a questão arquivística é explicitada. O aprofundamento desses dados de "não reconhecimento" poderia trazer importantes contribuições para o mapeamento da arquivologia e de suas relações com a ciência da informação.

Nota-se grande paridade entre os dados de interseção encontrados no *Jasist* (1,2%) e na *Ciência da Informação* (1,6%). Apesar da discrepância em termos de período analisado (respectivamente, 1997-2001 e 1992-2001), é interessante observar que a semelhança percentual permite supor certa conformidade nos cenários nacional e internacional no que se refere à interseção observada entre as duas áreas dentro do espectro desse indicador.

Examinando o perfil dos periódicos eletrônicos em ciência da informação, Donald Hawkins (2002) traz algumas informações interessantes: usando descritores (para cada item foram indicados até quatro descritores), ele diz que o descritor *archives* aparece em 16º lugar numa lista de 39 itens, representando 3,5% do total de aparições. Em contrapartida, nenhuma instituição arquivística, pública ou privada, aparece entre as 12 organizações não acadêmicas que figuram na pesquisa como origem institucional de mais de cinco artigos. Dos periódicos eletrônicos por ele incluídos na área de ciência da informação, apenas um, *Ariadne*, aparece na lista existente no portal de arquivos da Unesco.

Os periódicos e a arquivologia

No plano internacional, a escolha dos indicadores aqui utilizados se baseou nos seguintes fatores restritivos: ausência de instrumentos de mapeamento e controle da produção de periódicos na área, ou seja, não há periódicos de indexação, nem periódicos de resumo, nem bibliotecas virtuais, nem bases de dados bibliográficos; os periódicos arquivísticos não têm sido objeto da arquivologia, ou seja, a literatura não fornece dados para suprir as referidas carências. Assim, optou-se por um indicador não acadêmico, mas com visibilidade internacional: o portal de arquivos da Unesco.

Aqui foram analisados os 71 links listados na opção "periódicos < publicações < fontes na internet". Uma análise geral dos sites aos quais esses links remetem revela: 21 sites de periódicos especializados; 16 sites não foram encontrados; sete sites em língua estrangeira de difícil acesso (alemão, dinamarquês, croata e turco); 23 sites de boletins ou *newsletters;* três sites de periódicos de divulgação; e um link que não remete a periódico.

Entre os 21 periódicos especializados a que remetem os sites referidos, encontram-se três que se estabelecem na interseção de que tratamos, ou seja, são periódicos "interdisciplinares". Destes serão analisados apenas os percentuais de artigos sobre questões arquivísticas, sem fazer nenhuma classificação para os demais artigos. Estes periódicos são:

▼ *Ariadne* — periódico voltado para a divulgação científica do UK Electronic Libraries Programme (e-Lib), que desenvolve 60 projetos relativos à construção de serviços e recursos eletrônicos. Vinculado ao Ukoln, está sediado na Universidade de Bath (Inglaterra), centro de excelência em administração de informação digital, provendo consultoria e serviços às comunidades bibliotecárias e de informação. Sua linha editorial privilegia a divulgação de eventos, entrevistas e notícias relativos ao desenvolvimento do programa;

▼ *Cursus* — periódico eletrônico produzido pelos alunos da Escola de Biblioteconomia e Ciência da Informação da Universidade de Montreal. Tem como objetivo difundir os textos acadêmicos por eles produzidos durante os cursos e é publicado semestralmente, desde 1995. A última referência encontrada no site do periódico é do número relativo a 2001. Disponibiliza sumários e resumos. Do total de 32 artigos, no período analisado (1995-2001), nove se referem a questões arquivísticas, ou seja, 28,2%. Destes, apenas um — "Étude comparative et descriptive de l'Ifla, de la FID et du CIA: des associations professionnelles au service de la bibliothéconomie et de l'archivistique internationales" — estabelece relações entre as áreas cobertas pelo periódico, embora o seu assunto impeça sua categorização como reflexão interdisciplinar. A análise do periódico indica que o fato de ser um veículo criado numa universidade, dentro de um programa de pós-graduação onde se encontram alunos de arquivologia, biblioteconomia e ciência da informação, não teve impacto na tipologia dos artigos, no que diz respeito a um possível projeto interdisciplinar de reflexões;

▼ *African Journal of Library, Archives and Information Science* — único periódico, entre os citados no portal da Unesco, com uma vocação interdisciplinar explicitada. Dos 41 artigos analisados no período 2000-02, oito (ou 19,5%) eram relativos a arquivos e *records management*. O periódico tem escopo geográfico, com absoluta maioria de autores africanos. Publicado semestralmente e indexado no Information Science and Library Literature, seus artigos são resumidos pelo *Library and Information Science Abstracts*.

Os dados recolhidos na análise desses três periódicos mostram que, mesmo estando voltados para uma cobertura interdisciplinar, seus artigos não refletem projetos interdisciplinares de pesquisa ou mesmo preocupação com os aspectos da interdisciplinaridade. Nenhum dos artigos classificados apresentou essa temática.

Por serem especializados e não se enquadrarem nos marcos da questão interdisciplinar, não foram individualmente analisados os seguintes periódicos: *Archivi per la Storia* (voltado essencialmente para o tratamento arquivístico de fontes primárias para a pesquisa histórica; *Records Management Journal* (voltado exclusivamente para aspectos da gestão de documentos); *Prologue* (publicado pelo National Archives and Records Administration com o objetivo de divulgação de acervo); e *The Archivst* (publicado pelo Arquivo Nacional do Canadá com o objetivo de divulgação de acervo). É interessante observar, no entanto, que o *Records Management Journal* não traz, em seus 51 artigos publicados desde 1998, *nenhuma* menção à ciência da informação.

Dos periódicos especializados incluídos no portal da Unesco, foram analisados aqueles que possibilitavam acesso online a índices e/ou sumários. A absoluta carência de bibliotecas com acervos minimamente atualizados na área arquivística não deixa alternativa.

Entre os periódicos que não disponibilizam esse tipo de informação online estão os dois editados pelo Conselho Internacional de Arquivos, a saber: *Archivum* e *Janus*, ambos substituídos pela revista *Comma* em 2002. Considerando a importância desses periódicos para o intercâmbio científico na área, na medida em que visam, também, divulgar os resultados das atividades científicas do conselho (o Congresso Internacional, a Table Ronde des Archives e as reuniões dos comitês de estudos), bem como da internet na comunicação de informações, especialmente para instituições internacionais e intergovernamentais, é grave o fato de que o CIA não disponibilize tais informações na web.

Na análise dos artigos dos demais periódicos foi utilizada uma adaptação do esquema temático concebido por Carol Couture. Dada a sua importância para a discussão da autonomia da área enquanto campo disciplinar, foram acrescentadas informações sobre indexação e resumo, bem como sobre possibilidades de acesso a resumos e notas biográficas de autores. E, por sua importância para a divulgação científica, foram incluídas informações sobre a disponibilidade de texto integral online e assinatura eletrônica.

▼ *American Archivist*

Publicada desde 1937 pela Associação dos Arquivistas Americanos, esta é uma das mais antigas publicações da área. Durante 60 anos, a revista foi quadrimestral. Em 1998, passou a ser publicada semestralmente. Tem por escopo a arquivologia teórica e prática e, apesar de não estar restrita a autores norte-americanos, guarda nítida relação com o universo da questão arquivística nos Estados Unidos. Inclui sumários e notas biográficas de autores desde 1997. É indexada em *library literature* e resumida em *historical abstracts*. Não tem versão eletrônica nem disponibiliza textos integrais de seus artigos na web.

No período em estudo (1997-2002) publicou 90 artigos, e os resultados da análise são apresentados na tabela 1.

Tabela 1
Análise dos artigos publicados no *American Archivist* (1997-2002)

Categoria	Nº	%	Categoria	Nº	%
Objetivo e finalidade da arquivística	3	3,96	Arquivo e sociedade	6	6,6
História dos arquivos e da arquivologia	5	5,5	Funções arquivísticas	22	24,4
Gestão de programas, serviços e instituições arquivísticas	21	23,3	Tecnologias	12	13,3
Suportes e tipos de arquivos	5	5,5	Formação e pesquisa	15	16
Legislação e ética	3	3,6			

Houve dificuldades na classificação de muitos itens entre as categorias "funções arquivísticas" e "tecnologias", visto que muitos artigos tratavam da questão das operações arquivísticas com documentos eletrônicos. Na categoria "gestão de programas, serviços e instituições arquivísticas", notou-se predominância da gestão de instituições arquivísticas governamentais, especialmente os arquivos estaduais, assim como da gestão e importância dos serviços de arquivos empresariais, tendo sido publicados, em 1997, números especiais sobre ambos os temas.

▼ *Archival Science*

Periódico recente, começou a ser publicado em 2001, trimestralmente; em 2002, no entanto, foram publicados apenas dois números. Segundo seus editores, é "um periódico independente e cobre o espectro temático da 'informação registrada orgânica', do ponto de vista da forma, estrutura e contexto". Seu público-alvo é composto por, "primeiramente, pesquisadores e educadores em arquivologia e, secundariamente, todos aqueles profissionalmente interessados na informação registrada". É o único periódico analisado que explicita, em suas informações editoriais, um interesse nas abordagens interdisciplinares e interculturais. Seus editores-chefes são professores de diferentes instituições de ensino superior da Holanda, e o corpo editorial é formado por alguns dos mais importantes pensadores da arquivologia contemporânea, na seguinte configuração de representação geopolítica: Europa (oito membros); América do Norte (dois membros do Canadá e três dos Estados Unidos); China (um membro); Austrália (um membro); África do Sul (um membro), além de um representante da Ifla, na Holanda. Note-se a ausência de representantes da América Latina.

A revista disponibiliza sumários e resumos desde 2001 e é indexada e resumida em *ABI inform; Current Geographical Publications; Information Science Abstracts; Inspec Information Services*. Existe versão eletrônica da assinatura, mas apenas o primeiro número, de 2001, veiculou gratuitamente o texto integral dos artigos.

No período em estudo (2001/02), publicou 43 artigos, e os resultados da análise são apresentados na tabela 2.

Tabela 2

**Análise dos artigos publicados no *Archival Science*
(2001/02)**

Categoria	Nº	%	Categoria	Nº	%
Objetivo e finalidade da arquivística	7	16,2	Arquivo e sociedade	17	39,5
História dos arquivos e da arquivologia	1	2,3	Funções arquivísticas	11	25,5
Gestão de programas, serviços e instituições arquivísticas	2	4,6	Tecnologias	4	9,3
Suportes e tipos de arquivos			Formação e pesquisa	1	2,3
Legislação e ética	1	2,3			

Nota-se a concentração de títulos nas categorias mais teóricas do esquema, em detrimento dos títulos relativos aos aspectos aplicados da arquivologia. Tal comportamento está certamente associado às características editoriais da revista.

▼ *Archivaria*

Publicado semestralmente pela Associação dos Arquivistas Canadenses desde 1975, tem como escopo "a investigação na área da arquivologia, no Canadá e internacionalmente, em temas tais como: a história, a natureza e o uso dos arquivos, a teoria arquivística, os desenvolvimentos tecnológicos, os novos campos da história e demais disciplinas correlatas, as relações entre os arquivistas e os demais profissionais ligados à gestão da informação". Disponibiliza na web sumários e *abstracts* desde 1990. Não há informação sobre indexação e resumo. Não tem versão eletrônica nem disponibiliza textos integrais dos artigos.

Durante o período em estudo (1992-2001), publicou um total de 152 artigos, cuja distribuição é apresentada na tabela 3.

Aqui também houve dificuldades na classificação de muitos itens entre as categorias "funções arquivísticas" e "tecnologias", visto que muitos artigos tratavam da questão das operações arquivísticas com documentos eletrônicos.

Tabela 3
**Análise dos artigos publicados no *Archivaria*
(1992-2001)**

Categoria	N°	%	Categoria	N°	%
Objetivo e finalidade da arquivística	14	9,2	Arquivo e sociedade	25	16,4
História dos arquivos e da arquivologia	7	4,6	Funções arquivísticas	54	35,5
Gestão de programas, serviços e instituições arquivísticas	24	15,7	Tecnologias	8	5,2
Suportes e tipos de arquivos			Formação e pesquisa	10	6,5
Legislação e ética	5	3,2	Não classificados	5	3,2

▼ *Journal of the Society of Archivists*

Publicação semestral, sob a responsabilidade da Associação de Arquivistas do Reino Unido, tem por escopo todos os assuntos do interesse dos arquivistas e dos que usam os arquivos para seus estudos. Oferece versão eletrônica da assinatura. É indexado e resumido em *Art and Archaelogy Technical Abstracts; Arts and Humanities Citation Index; British Humanities Index, Current Contents/Arts & Humanities; Pascal, Research Alert; Research into Higher Education Abstracts; Social Science Citation Index*. Disponibiliza resumos e sumários desde 1997.

Ao longo do período analisado (1997-2002), publicou 105 artigos, classificados na tabela 4.

Tabela 4
**Análise dos artigos publicados no *Journal of the Society of Archivists*
(1997-2002)**

Categoria	N°	%	Categoria	N°	%
Objetivo e finalidade da arquivística	7	6,6	Arquivo e sociedade	10	9,5
História dos arquivos e da arquivologia	1	0,9	Funções arquivísticas	42	40
Gestão de programas, serviços e instituições arquivísticas	17	16,1	Tecnologias	4	3,8
Suportes e tipos de arquivos	1	0,9	Formação e pesquisa	6	5,7
Legislação e ética	9	8,5	Não classificados	8	7,6

A análise não apontou nenhuma especificidade, mantendo-se os padrões de distribuição de artigos observados nos demais periódicos.

▼ *Archives*

Publicado pela Associação dos Arquivistas de Quebec desde 1969, seu escopo temático inclui todos os aspectos relativos à "informação registrada e orgânica". Uma de suas orientações editoriais é evitar a publicação de instrumentos de pesquisa, textos legais e relatórios de experiência, com exceção daqueles que a própria associação prioriza. Esta é uma observação interessante, uma vez que a publicação, total ou parcial, de instrumentos de pesquisa tem sido uma tônica daquilo que se costuma designar como "pesquisa" em arquivologia. Vale notar, também, que seu editorial é o único entre os analisados a referir-se explicitamente à questão da informação arquivística. Isso se explica pela proximidade com os autores da definição de "informação registrada orgânica", todos arquivistas de Quebec.

A revista é semestral e disponibiliza sumários, *abstracts* e alguns textos integrais de seus artigos desde 1995. Não há informação sobre associação com periódicos de índices e *abstracts*. Não tem versão eletrônica da assinatura. No período em estudo (1995-2002), publicou 56 artigos, classificados na tabela 5.

Tabela 5

Análise dos artigos publicados em Archives (1995-2002)

Categoria	Nº	%	Categoria	Nº	%
Objetivo e finalidade da arquivística	2	3,5	Arquivo e sociedade	9	16
História dos arquivos e da arquivologia	1	1,7	Funções arquivísticas	26	46,4
Gestão de programas, serviços e instituições arquivísticas	10		Tecnologias	1	1,7
Suportes e tipos de arquivos	2	3,5	Formação e pesquisa	4	7
Legislação e ética	1	1,7	Não classificados		

Foram encontrados dois artigos explicitando a questão da informação arquivística, sendo um deles de autor brasileiro, o que reforça a ideia de que a relação entre arquivologia e ciência da informação é excepcionalmente presente no Brasil. Quanto ao resto, o periódico tem um comportamento padrão.

▼ *Gazette des Archives*

O mais antigo periódico especializado na área, começou a ser publicado em 1933, pela Associação dos Arquivistas Franceses. É quadrimestral, e seu escopo são os métodos, as experiências e as fontes relacionadas aos arquivos. Essa ênfase nas fontes arquivísticas se faz notar nos números especiais, dedicados a temas específicos. Não publica sumários, mas disponibiliza índices por autor, de 1933 a 1999. Não há informação sobre associação com periódicos de indexação e de *abstracts*.

A publicação de índices dificulta a classificação, uma vez que é muito difícil estabelecer a categoria editorial (se é artigo, relato de experiência etc.) do item indexado. Apenas as recensões podem ser identificadas, pois aparecem sob duas autorias: a do recenseador e a do recenseado. Considerando esses aspectos, o número total de itens identificados na *Gazette* é muito maior que o das outras revistas. Como se está interessado nas proporções, essa não chega a ser uma objeção metodológica à inclusão do periódico nesta análise.

No período estudado (1992-99), publicou um total de 198 artigos (aqui entendidos como itens indexados, como explicado antes), classificados na tabela 6.

Tabela 6
Análise dos artigos publicados na *Gazette des Archives*
(1992-99)

Categoria	Nº	%	Categoria	Nº	%
Objetivo e finalidade da arquivística	2	1,1	Arquivo e sociedade	21	10,6
História dos arquivos e da arquivologia			Funções arquivísticas	31	31,6
Gestão de programas, serviços e instituições arquivísticas	105	53,3	Tecnologias	22	11
Suportes e tipos de arquivos	11	5,5	Formação e pesquisa	2	1,1
Legislação e ética	3	1,5	Não classificados		

A reflexão sobre a tipologia dos números especiais da revista talvez ajude iluminar os resultados mostrados acima: A deontologia dos arquivistas; O pré-arquivo na França e no exterior; Da diplomática medieval à diplomática contemporânea; O cinema e os arquivos; Os arquivos municipais e o patrimônio fluvial e marítimo; Arquivos municipais e patrimônio industrial; Os arquivos da saúde; Arquivos religiosos e pesquisa histórica; Arquivos no meio rural; Arquivos municipais e animação cultural; A informática e o trabalho arquivístico; Fundos judiciários e pesquisa jurídica.

▼ *Arquivo & Administração*

Único periódico brasileiro citado no portal da Unesco (as outras referências a links brasileiros se referem a boletins, e um dos links remete a um site que não é de nenhum periódico). Fundado em 1972, foi importante veículo de divulgação da área arquivística no Brasil durante a década de 1970 e parte da década de 1980. Publicado pela Associação dos Arquivistas Brasileiros, visando a divulgação de "estudos, atividades, experiências e reflexões acadêmicas sobre arquivologia, tanto no âmbito nacional quanto internacional". Seu perfil acadêmico sempre foi ambíguo, uma vez que não havia critérios de avaliação, incluindo-se contribuições que vão desde crônicas e poesias até artigos com temática relacionada à memória e aos arquivos. Não obstante, publicou artigos originais e traduções importantes. Foi quadrimestral até 1986, quando teve sua publicação interrompida. Ressurgiu em 1994, com características mais acadêmicas, certamente por estar recebendo auxílio do CNPq. O último número foi publicado em 1999. No site da AAB são disponibilizados os sumários da revista desde 1972. Não há informação sobre serviços de indexação e resumos. Foram analisados 20 artigos, publicados entre 1994 e 1999, como se vê na tabela 7.

Apesar das características mostradas acima, a análise do periódico aponta para o que poderia ter-se concretizado numa linha editorial bastante original e que vem justificar as premissas que deram origem às questões desta pesquisa: 25% desses artigos explicitam a questão da informação arquivística;[51] e todos os seus autores, com exceção de um, vinculam-se ao Programa de Pós-Graduação em Ciência da Informação da UFRJ/Ibict.

---

[51] Os artigos são: "Arquivo, documento e informação: velhos e novos suportes", de Ana Maria Camargo; "Arquivos e informação: uma parceria promissora", de Inaldo Barbosa Marinho e Junia Guimarães e Silva; "Informação, arquivos e instituições arquivísticas", de Maria Odila Fonseca; "Informação arquivística, estrutura e representação computacional", de Carlos Henrique Marcondes.

Tabela 7
**Análise dos artigos publicados em *Arquivo & Administração*
(1994-99)**

Categoria	Nº	%	Categoria	Nº	%
Objetivo e finalidade da arquivística	3	15	Arquivo e sociedade	2	10
História dos arquivos e da arquivologia			Funções arquivísticas	3	15
Gestão de programas, serviços e instituições arquivísticas	6	30	Tecnologias	2	10
Suportes e tipos de arquivos	2	10	Formação e pesquisa	2	10
Legislação e ética			Não classificados		

Para alargar um pouco mais a pesquisa no cenário nacional, utilizou-se a lista[52] de periódicos que publicaram artigos sobre temas arquivísticos entre 1990 e 1999. Destes foram selecionados os especializados em arquivologia, pela sua adequação ao perfil desta pesquisa. Assim, foram selecionados os periódicos analisados a seguir.

▼ *Acervo*

Publicado pelo Arquivo Nacional desde 1986, com o objetivo de "dotar o Arquivo Nacional de um instrumento ágil na divulgação de suas atribuições, além de atender aos pesquisadores na busca dos registros que reconstituem a história brasileira". Apesar de não ter sido criado com objetivos acadêmicos, tampouco como veículo de difusão da arquivologia como disciplina, publicou importantes textos de reflexão arquivística, constituindo-se, em sua primeira fase (1986-89), no principal periódico da área no Brasil, tendo em vista, inclusive, a interrupção da revista *Arquivo & Administração*. Suspensa sua publicação em 1990, ressurgiu em 1993 com outras características, sendo cada número dedicado a temas distintos. A revista não explicita a prática da revisão externa dos artigos publicados, nem é indexada ou resumida em periódicos pertinentes. Não traz informações

---

[52] Elaborada por Jardim (1999a, 1999b).

online, a não ser breves notas sobre a temática geral dos números a partir de 1996, no site do Arquivo Nacional.

Entre 1992 e 2002, publicou números temáticos sobre os seguintes temas: fotografia; tecnologias aplicadas aos arquivos; leituras e leitores; estudos de gênero; fontes para a história do Brasil em arquivos e bibliotecas portuguesas; imigração; os anos 1960; escritas do Brasil; estudos de violência. Como se pode perceber, pouco restou da perspectiva arquivística de sua fase inicial. Destes números especiais, apenas os primeiros trazem artigos que podem ser considerados relativos à arquivologia como disciplina. Considerando que a revista é publicada pela maior instituição arquivística brasileira, é curioso que não se dedique mais aos temas arquivísticos. Assim, nos anos de 1993 e 1994, *Acervo* publicou 13 artigos, classificados na tabela 8.

Tabela 8
Análise dos artigos publicados em *Acervo*
(1993/94)

Categoria	Nº	%	Categoria	Nº	%
Objetivo e finalidade da arquivística			Arquivo e sociedade	2	15,3
História dos arquivos e da arquivologia	1	7,6	Funções arquivísticas	2	15,3
Gestão de programas, serviços e instituições arquivísticas	3	23	Tecnologias	4	30,7
Suportes e tipos de arquivos	1	7,6	Formação e pesquisa		
Legislação e ética			Não classificados		

Observa-se uma ênfase nos aspectos da "tecnologia", certamente devido ao número especial mencionado anteriormente.

▼ *Arquivo e História*

Publicado pela primeira vez em 1994 pelo Arquivo Público do Rio de Janeiro, visando manter uma política editorial que socialize junto ao público, geral e especializado, materiais do arquivo ou produzidos a partir da pesquisa documental. Não explicita a prática da revisão externa dos artigos publicados, nem é indexada ou resumida em periódicos pertinentes. Traz sumários dos números existentes de 1994 até 1998. Não há informações sobre números posteriores a 1998.

Publicou, ao longo desse período, um total de 13 artigos relativos à arquivologia, classificados na tabela 9.

Tabela 9
Análise dos artigos publicados em Arquivo e História (1994-98)

Categoria	Nº	%	Categoria	Nº	%
Objetivo e finalidade da arquivística			Arquivo e sociedade	3	23
História dos arquivos e da arquivologia	1	7,7	Funções arquivísticas	2	15,3
Gestão de programas, serviços e instituições arquivísticas	2	15,3	Tecnologias	1	7,7
Suportes e tipos de arquivos	1	7,7	Formação e pesquisa		
Legislação e ética	3	23	Não classificados		

Quanto ao expressivo número de artigos publicados nas categorias "legislação e ética" e "arquivo e sociedade", vale notar que o Arquivo do Estado do Rio de Janeiro, assim como todos os arquivos estaduais do país, esteve às voltas, durante o período analisado, com os arquivos das polícias políticas, simbolicamente entregues aos cuidados dos arquivos estaduais no início da década de 1990.

▼ *Anais do Arquivo Público do Pará*

Publicação anual que desde 1995 vem divulgando, "prioritariamente, documentos da instituição, assim como ensaios inéditos sobre a região amazônica e material de interesse da arquivologia". Não explicita a prática da revisão externa dos artigos publicados, nem é indexada ou resumida em periódicos pertinentes. Traz sumários dos números existentes de 1995 até 1998. Não há informações sobre números posteriores a 1998. Os sumários estão disponíveis online no site do Arquivo Público do Pará.

A revista tem uma seção de arquivologia, na qual publica um artigo em cada número. Assim, no período analisado (1995-98), foram publicados três artigos sobre questões arquivísticas, todos relacionados às práticas da gestão de documentos.

▼ *Estudos Históricos*

Publicado semestralmente, desde 1988, pelo Centro de Pesquisa e Documentação de História Contemporânea do Brasil (Cpdoc), da Fundação Getulio Vargas. Embora seja explicitamente "dedicada à história do Brasil", sem fazer nenhuma menção a arquivos ou arquivologia, a revista publicou dois números especiais em que essa temática foi contemplada: "CPDOC 20 anos" (1994) e "Arquivos pessoais" (1998). Os artigos publicados passam por revisão externa, mas não há informações sobre vinculação a periódicos de indexação ou de resumo. Oferece acesso online ao texto integral de seus artigos.

Nos dois números mencionados, foram analisados 12 artigos, analisados na tabela 10.

Tabela 10
**Análise dos artigos publicados em Estudos Históricos
(números especiais, 1994 e 1998)**

Categoria	Nº	%	Categoria	Nº	%
Objetivo e finalidade da arquivística	2	16,6	Arquivo e sociedade		
História dos arquivos e da arquivologia			Funções arquivísticas	1	8,3
Gestão de programas, serviços e instituições arquivísticas			Tecnologias		
Suportes e tipos de arquivos	8	66	Formação e pesquisa		
Legislação e ética	1	8,3	Não classificados		

A ênfase observada na categoria "suportes e tipos de arquivos" explica-se pelo fato de que um dos números especiais trata dos arquivos pessoais.

A análise geral dos dados aqui apresentados revela as seguintes características:

▼ quanto à origem dos periódicos, nota-se uma predominância, em nível internacional, de periódicos vinculados a associações profissionais. Já no cenário nacional predominam periódicos ligados a instituições arquivísticas, em sua maioria públicas. Além de outros dados gerais relativos às dificuldades por que passam os periódicos brasileiros em todas as áreas, a associação com instituições tão periféricas quanto as arquivísticas explicam a falência dos periódicos especializados em arquivologia no Brasil. Todos os periódicos analisados, com exceção de *Estudos Históricos*, que não é especializado em arquivologia, tiveram sua publicação interrompida. A realidade descrita em por Jardim 1999 não mudou: cristalizou-se por inércia;

▼ com relação à temática, confirmam-se as características pragmáticas da área, com uma predominância de artigos classificados nas categorias "funções arquivísticas" e "gestão de programas, serviços e instituições arquivísticas" nacionais. Isso se verifica em todos os periódicos analisados, tanto internacionais como nacionais, com a única exceção de *Archival Science*. Parece razoável atribuir essa característica à independência do periódico, que não é vinculado nem à associação profissional nem à instituição arquivística;

▼ no tocante à origem institucional dos autores, a análise perde consistência, uma vez que, em nível internacional, apenas dois periódicos disponibilizam notas biográficas dos autores. Assim, no *American Archivist* predominam os autores vinculados a instituições arquivísticas, e no *Archival Science*, os autores vinculados a instituições de ensino, numa proporção bastante semelhante: 15 vinculados a universidades para 23 vinculados a instituições arquivísticas, no caso do *American Archivist*, e 29 vinculados a universidades para 12 vinculados a instituições arquivísticas, no caso do *Archival Science*. Deve ser considerada, também, uma certa incongruência cronológica, uma vez que o *Archival Science* foi publicado pela primeira vez em 2000. Em ambos os casos há predominância inferior a 50%;

▼ quanto aos mecanismos de efetivação do periódico como lócus científico, parece que não há uma evidente preocupação com esse aspecto. Embora a maioria dos periódicos internacionais explicite a questão da revisão externa, apenas três indicam práticas de indexação e resumo. O *Journal of the Society of Archivists* informa sua vinculação ao *Social Sciences Citation Index*, mas em busca feita em 14 de março de 2004 esse periódico não foi encontrado no site daquele índice. Entre os periódicos nacionais analisados, nenhum se refere a essas práticas;

▼ a longevidade dos periódicos internacionais remete à estabilidade da área enquanto produtora/usuária de conhecimento publicável/publicado. Remete, também, à estabilidade das associações profissionais, justificando em certa medida a ênfase a que nos referimos no começo do segundo capítulo deste livro.

A produção de conhecimento e a pesquisa de pós-graduação

Dada a impossibilidade de obter dados consistentes sobre a produção internacional de dissertações e teses, e considerando a grande heterogeneidade dos sistemas de ensino nos diversos países, aqui foi analisada apenas a produção brasileira.

Os dados foram coletados no banco de teses disponível no site da Capes (<www.capes.gov.br>), acessado em agosto de 2003. A base de dados disponibiliza resumos de 125 mil teses e dissertações aprovadas em programas credenciados de pós-graduação, abrangendo o período de 1987 a 2001. Fornece uma ferramenta que permite a pesquisa através de filtros temáticos por autor, por palavras-chave e por palavras do resumo. Para esta pesquisa foram aplicados os seguintes filtros temáticos: arquivos, arquivologia e arquivística. No primeiro foi necessário fazer uma seleção, já que as teses e dissertações sobre história, saúde pública, informática etc. mencionam a palavra arquivos em seus resumos. Assim, chegou-se aos resultados:[53] ao todo foram aprovados 53 trabalhos, sendo 48 dissertações e cinco teses (tabelas 11 a 15).

---

[53] Ver anexo 1.

Tabela 11
Produção, por ano e grau de titulação

Ano	Mestrado	Doutorado	Total
1992	2	0	2
1993	2	0	2
1994	4	0	4
1995	5	0	5
1996	6	0	6
1997	8	1	9
1998	1	1	2
1999	2	0	2
2000	9	1	10
2001	9	2	11
Total geral	**48**	**5**	**53**

Tabela 12
Produção, por área de pós-graduação

Área	Teses e dissertações Nº	%
Administração	2	3,7
Tecnologia	1	1,9
Letras e linguística	1	1,9
Comunicação, imagem e informação	4	7,5
Ciência da informação	**26**	**49**
Arquitetura	1	1,2
História social	**8**	**15**
Engenharia de produção	1	1,9
Memória social e documento	**7**	**13,2**
Educação	1	1,9
Ciência social (antropologia social)	1	1,9
Total	53	100

Tabela 13
Produção de teses e dissertações, por área de pós-graduação

Área	Total	Dissertações Nº	Dissertações %	Teses Nº	Teses %
Administração	2	2	4,16		
Tecnologia	1	1	2,1		
Letras e linguística	1			1	20
Comunicação, imagem e informação	4	4	8,3		
Ciência da informação	26	24	50	2	40
Arquitetura	1	1	2,1		
História social	8	6	12,5	2	40
Engenharia de produção	1	1	2,1		
Memória social e documento	7	7	14,6		
Educação	1	1	2,1		
Ciência social (antropologia social)	1	1	2,1		
Total	53	48		5	

Tabela 14
Produção de teses e dissertações, por programa de pós-graduação

Programa	Área	Teses e dissertações Nº	%
UFSC	Administração	1	1,8
Cefet	Tecnologia	1	1,8
PUC-Campinas	Biblioteconomia e ciências da informação	4	7,5
UFBA	Letras e linguística	1	1,8
UFF	Comunicação, imagem e informação	3	5,6
UFMG	**Ciência da informação**	6	**11,3**
UFPb/João Pessoa	Ciências da informação	1	1,8
UFRJ/Ibict	**Ciência da informação**	7	**13,2**
UFRJ	Arquitetura	1	1,8
UFRJ	Comunicação	1	1,8
UFRJ	História	1	1,8
UFSC	Administração	1	1,8
UFSM	Engenharia de produção	1	1,8
UnB	**Ciência da informação**	8	**15**
Uni-Rio	**Memória social e documento**	7	**13,3**
Universidade do Amazonas	Educação	1	1,8
USP	Ciência social (antropologia social)	1	1,8
USP	**História social**	7	**13,2**

Tabela 15	
Orientadores com mais de uma orientação	
Orientador	**Nº**
Ana Maria de Almeida Camargo — USP — história social	5
Georgete Medleg Rodrigues — UnB — ciência da informação	2
José Pedro Pinto Esposel — sem vínculo com a pós-graduação	3*
Lucy Gonçalves Fontes — UFMG — ciência da informação	3
Luís Carlos Lopes — UFF — comunicação, imagem, informação	4
Maria José Wehling — Uni-Rio — memória social e documento	2
Maria Nélida G. de Gómez — UFRJ/Ibict — ciência da informação	3
Vilma Moreira dos Santos — UFMG — ciência da informação	2

*Coorientação.

A análise dos dados levantados revela as seguintes características:

▼ um aumento regular na produção de teses e dissertações com temática arquivística — busca feita, dentro dos mesmos critérios, para o período anterior a 1992 não encontrou nenhum registro no banco de teses da Capes;

▼ uma expressiva concentração de teses e dissertações em programas de pós-graduação na área de ciência da informação, seguida das áreas de história social e de memória social e documento;

▼ uma dispersão bastante homogênea de teses e dissertações entre os diferentes programas de pós-graduação em ciência da informação no país, o que aponta para um movimento receptivo que não se pode associar às características de um ou outro programa — ao contrário, por exemplo, do que acontece com o programa de pós-graduação em história social da Universidade de São Paulo, que concentra a quase totalidade de teses e dissertações apresentadas a programas de pós-graduação na área de história;

▼ entre os orientadores, uma concentração em torno da profa. dra. Ana Maria Camargo, do programa de história social da USP, cujo envolvimento com as questões da arquivologia é notório. Entre os professores orientadores dos programas de pós-graduação em ciência da informação, mais uma vez há certa homogeneidade na distribuição de teses e dissertações por orientador e por programa, sugerindo que alguns professores são agentes catalisadores das questões relativas à informação arquivística dentro de cada programa. Mais, inclusive, do que as linhas de pesquisa formalmente estabelecidas, uma vez que não se percebe uma prevalência, em termos de produção, dos programas que explicitam linhas de pesquisa voltadas para a informação arquivística.

Ao comparar-se esse levantamento com os dados disponíveis na plataforma Lattes do CNPq,[54] onde se buscaram informações sobre as relações entre esses orientadores e um interesse mais estável do professor orientador em termos da pesquisa na área, observou-se que, num total de 40 orientadores, apenas 21 (52%) estão inscritos em grupos de pesquisa indicados na base de dados Lattes. Esse dado informa que as relações orientador/área da tese e dissertação ainda carecem de institucionalização na área arquivística. É revelador o fato de quase metade dos orientadores de teses e dissertações na área arquivística não estarem institucionalizados. Naturalmente se reconhece que a atividade de pesquisa vai além dos parâmetros da institucionalização, havendo grupos de pesquisadores produtivos operando num certo patamar de informalidade; por outro lado, numa área incipiente como a arquivologia, a institucionalização é o único mecanismo para atuar com a necessária visibilidade. Vale notar que o orientador com maior concentração de orientandos não se encontra registrado em grupo de pesquisa da base Lattes.

Entre os professores-orientadores que estão associados a grupos de pesquisa, nota-se uma expressiva falta de consistência entre a orientação dada a um trabalho na área arquivística e um interesse mais consolidado em pesquisa na área. Assim, dos 21 professores nessa categoria, quase metade pertence a grupos de pesquisa estranhos à temática arquivística, justificando uma impressão de interesse conjuntural por ocasião da orientação. Dos demais 11 professores, apenas um pertence a grupo de pesquisa com interesse explícito na questão da interdisciplinaridade.

Com base nesses dados e nos balizamentos estabelecidos anteriormente, pode-se partir para algumas reflexões na tentativa de responder às questões levantadas neste livro.

---

[54] Ver anexo 2.

Considerações finais

Parece útil retomar os pressupostos e a questão de pesquisa apresentados na introdução deste livro para estabelecer, em torno das assertivas neles contidas, a linha mestra destas considerações.

Assim, depois de passar pelas verificações impostas pela natureza desta pesquisa, será que se pode:

▼ (re)afirmar que uma nova pauta de reflexões vem contribuindo para uma redefinição da arquivologia como campo de saber autônomo, em especial no sentido de rediscutir seus objetos e objetivos tradicionais?

▼ (re)afirmar que essa "nova pauta" se identifica com a pesquisa de pós-graduação, apontando para a (re)definição de lócus de produção de conhecimento e de marcos interdisciplinares com a ciência da informação?

A revisão da literatura e a coleta de dados empíricos autorizam a resposta: sim, observa-se uma pauta renovadora das reflexões dentro da área arquivística. E se considerarmos a seleção da literatura consultada para a elaboração deste livro, encontraremos uma predominância de autores docentes, em sua maioria vinculados a programas universitários de estudos arquivísticos.

Mas uma nova pauta de reflexões não leva, por si só, ao fortalecimento da arquivologia como campo disciplinar autônomo e independente. Outras questões se impõem. No plano internacional observam-se poucas mudanças em relação à configuração institucional da área em termos de uma das vertentes da produção de conhecimento aqui analisadas. Majoritariamente, os periódicos especializados mais importantes continuam a ser aqueles publicados por associações nacionais de arquivistas. Apesar de a maioria desses periódicos cumprir as exigências mínimas de avaliação externa dos artigos que publicam, o seu tratamento como canal de comunicação científica é frágil, pois não há periódicos de resumo e indexação nessa área, e sua relação com mecanismos de indexação, resumo e citação de áreas afins é pouco consistente e pulverizado. Isso mostra a pouca importância atribuída, na área, ao periódico como veículo indicador da "ciência certificada", ou seja, da ciência que passou por uma avaliação dos pares. Daí poder-se falar em uma certa fragilidade da arquivologia como campo de conhecimento autônomo. Os periódicos especializados não têm sido estudados enquanto agentes produtores de discurso acadêmico. Também são desconhecidos, na área, os estudos de citação, importante ferramenta de mapeamento de campos científicos, capaz de identificar influências, linhas hegemônicas de pesquisa e de interpretação, lócus majoritários de produção de conhecimento, além de outros indicadores.

Outro sinal dessa fragilidade é fato de a disciplina arquivística não figurar na lista de áreas de conhecimento associadas ao *Social Science Citation Index*. A arquivologia não aparece como área autônoma, tampouco como área agregada ou "subordinada", ou seja, não aparece no escopo temático das áreas que poderiam ser identificadas como correlatas, tais como história, administração, direito e ciência da informação.

Não obstante essas considerações, pode-se observar que os periódicos continuam a ser publicados regularmente, e sua longevidade — a maioria deles existe há mais de duas décadas — é um importante indício da estabilidade da área.

Os aspectos relacionados acima mostram que os limites e a configuração disciplinar da arquivologia não são objeto de suas investigações. E isso parece estar perfeitamente sedimentado; pelo menos os indicadores aqui utilizados não apontam para a configuração disciplinar da arquivologia como objeto expressivo de estudos.

Outra questão que deve emergir destas conclusões diz respeito à terminologia. Como se espera tenha ficado claro, há uma íntima relação entre a configuração da disciplina arquivística e a história política e administrativa de cada país. Assim, a terminologia arquivística é um território bastante delicado, uma vez que a relação entre termo e conceito nem sempre é clara e "amigável", porque se trata de traduzir termos e conceitos intrinsecamente associados a realidades político-administrativas muito específicas. Embora os levantamentos aqui feitos não indiquem a questão terminológica como tema prioritário de pesquisa, a revisão de literatura mostra que há uma preocupação com esse tema por parte de quase todos os autores envolvidos nas discussões mais renovadoras da área. Esses autores sugerem, sempre, a necessidade de seu aprofundamento. Isso, porém, não se verifica. Por quê? Tudo indica que este deve ser um estudo conduzido em perspectiva internacional, e não há na área instâncias acadêmicas internacionais. O Conselho Internacional de Arquivos não cumpre esse papel, tendo uma atuação marcada pelas configurações geopolíticas dos organismos internacionais aos quais se vincula.

Apesar das reflexões que, sem dúvida, vem arejando os debates na área, a comunidade arquivística ainda está longe de poder ser considerada uma comunidade científica, na medida em que nela ainda subsiste uma configuração que não consegue romper com os limites nacionais e corporativos. As organizações mais importantes dentro do campo são associações nacionais e regionais, que agregam profissionais de um país ou de uma região do país. As poucas associações internacionais existentes, regionais na maioria, se referem a aspectos políticos relativos a direitos humanos, a direitos ao patrimônio arquivístico, ou então se referem a países e regiões já agrupados em função de algum elemento externo à questão arquivística, como por exemplo a Associação dos Arquivistas Lusófonos, a Associação dos Arquivistas Francófonos, ou de um interesse muito específico por certo tipo de documento, como por exemplo a Associação Europeia de Arquivos de Filmes.

Destaca-se, também, o limitado uso da web como instrumento de comunicação e divulgação científica: não há listas acadêmicas de discussão, não há bibliotecas virtuais, poucos são os periódicos eletrônicos, não há bibliografias sistematizadas e atualizadas, tampouco sites de divulgação científica. Além disso, os periódicos arquivísticos oferecem poucas possibilidades de acesso gratuito aos textos integrais dos artigos e, com poucas exceções, não oferecem versões eletrônicas de assinatura. Um exemplo desse uso academicamente pouco consistente da web é o portal de arquivos mantido pela Unesco. Sem querer minimizar o seu papel de facilitador na busca de informações, o portal carece de critérios mais rigorosos de verificação, encontrando o pesquisador que recorre a essa fonte um grau considerável de inconsistência, como revelam os dados aqui apresentados. Mais uma vez fica clara a primazia dos arquivos e das instituições arquivísticas na área, na medida em que o uso da web como instrumento de divulgação de instituições arquivísticas apresenta um padrão de qualidade que não corresponde à sua utilização pelos arquivistas enquanto pesquisadores e produtores de um conhecimento que possa ir além das fronteiras institucionais.

O papel da universidade como lócus de produção de conhecimento não se revela claramente no plano internacional, uma vez que, com exceção da revista eletrônica *Cursus*, não há nenhum periódico associado a programas de formação universitária, em qualquer nível. Na análise da origem institucional de colaboradores nos periódicos pesquisados, observa-se uma presença significativa de autores docentes, mas não se pode falar em supremacia, até por falta de dados, pois nem todos os periódicos disponibilizam dados biográficos sobre os autores. De qualquer modo, outros estudos poderiam analisar essa produção a partir de parâmetros que privilegiassem a relação autor/conteúdo, a fim de perceber a contribuição de autores docentes na reflexão de ponta na área.

A inexistência de uma associação de docentes ou de pesquisadores em nível nacional ou internacional é outro fator que explica a pouca autonomia do campo, mesmo no que diz respeito à sua vertente mais acadêmica.

Com relação à interdisciplinaridade, não se pode dizer que esta seja uma questão emergente na área arquivística. Ao contrário, o tema da interdisciplinaridade não aparece, com ênfase, na revisão da literatura aqui empreendida, tampouco nos dados levantados no campo empírico. A necessidade prévia de definição da disciplinaridade parece explicar essa lacuna.

Porém, nas definições dos campos prioritários de pesquisa, os aspectos da interdisciplinaridade aparecem com clareza em importantes análises. O aprofundamento dos estudos feitos sobre a pesquisa na área, com a necessária inclusão de dados brasileiros, seria de grande valia.

Tais observações apontam para uma marcante característica insular da área, cristalizando uma visibilidade acadêmica precária e permitindo que se estabeleçam estéreis superposições de objetos de estudo, em vez de frutíferas relações interdisciplinares com outras áreas como gerenciamento de recursos informacionais, gerenciamento eletrônico de documentos, organização da informação etc.

As respostas às questões centrais aqui levantadas têm facetas diferentes no plano nacional. A flagrante deterioração de algumas instâncias institucionais da administração pública, provocada pelo modelo neoliberal de Estado mínimo imposto aos países periféricos nas últimas décadas, atingiu frontalmente as instituições arquivísticas nacionais que, sob a liderança do Arquivo Nacional, vinham tentando romper, na década de 1980, com a tradição latino-americana dos "arquivos nominais". As instituições arquivísticas brasileiras, com as raras exceções de praxe, encontram-se hoje ainda mais fragilizadas do que sempre estiveram. Os dados revelam que os poucos periódicos especializados na área, em sua maioria publicados por essas instituições, não conseguiram sobreviver aos anos 1990. Apenas um periódico brasileiro pode ser atualmente considerado como especializado em arquivologia: *Cenário Arquivístico*, publicado desde 2000 pela Associação de Arquivistas do Distrito Federal.

A falência do modelo associativo nacional também aponta para a precariedade da área no Brasil. A prova mais contundente dessa falência foi suspensão dos congressos brasileiros de arquivologia, que vinham sendo realizados regularmente desde 1971. O XIV Congresso não foi realizado em 2003.

Por outro lado, os dados mostram expressivo crescimento da oferta de cursos de arquivologia nos níveis de graduação e pós-graduação. A expansão dos cursos de graduação observada na década de 1990 justificaria uma análise mais profunda da relação entre oferta e procura desses cursos, de suas estruturas curriculares e do grau de especialização de seus corpos docentes.

As relações interdisciplinares com a ciência da informação se mostram mais fortes no cenário brasileiro do que no plano internacional. A associação com a ciência da informação parece ser uma característica da evolução da área arquivística no Brasil. Até caberia indagar se esta não é uma "interdisciplinaridade conjuntural", estabelecida como meio de sobrevivência acadêmica, dado o desolador cenário das instituições arquivísticas nacionais, mas os dados aqui levantados apontam para a construção de efetivas relações interdisciplinares entre as áreas, considerando a homogeneidade com que teses e dissertações com temática arquivística são acolhidas em diferentes programas de pós-graduação em ciência da informação, o que sugere um movimento receptivo que ultrapassa as esferas conjunturais, ao contrário, por exemplo, do que acontece nos programas de pós-graduação em história, área tradicionalmente considerada como afim da arquivologia.

Tais considerações só devem ser tidas como finais no âmbito deste livro, na medida em que lhe dão o fecho necessário e obrigatório. Para os demais propósitos, devem ser vistas como iniciais, podendo suscitar outras reflexões que venham contribuir para o desenvolvimento da arquivologia como campo autônomo de conhecimento e para a consolidação de suas relações acadêmicas e epistemológicas com a ciência da informação e as demais esferas do conhecimento humano.

Referências bibliográficas

AMPUDIA MELLO, J. ENRIQUE. *Institucionalidad y gobierno: un ensayo sobre la dimensión archivística de la administración pública.* México: Instituto Nacional de Administración Pública, 1988.

ASSOCIAÇÃO DOS ARQUIVISTAS HOLANDESES. *Manual de arranjo e descrição de arquivos.* Rio de Janeiro: Arquivo Nacional, 1975.

BEARMAN, DAVID *Diplomatics, Weberian bureaucracy, and the management of electronic records in Europe and America. European archives in an era of change.*

BELKIN, N. J. Information concepts for information science. *Journal of Documentation,* v. 34, n. 1, Mar. 1978.

BENAKOUCHE, R. *A informática e o Brasil.* São Paulo: Polis/Vozes, 1988.

BORKO, H. Information science: what is it? *American Documentation,* Jan. 1968.

BOURDIEU, PIERRE. *Razões práticas: sobre a teoria da ação.* São Paulo: Papirus, 1997.

BRAGA, GILDA. Informação, ciência da informação: breves reflexões em três tempos. *C. Inf.,* v. 24, n. 1, 1995.

BROOKES, B. The foundations of information science: philosophical aspects. *Journal of Information Science,* v. 2, p. 125-133, 1980.

CHABIN, MARIE-ANNE. Comparative use of the word archives in the French media. In: Citra, 35. Marseille, 13-16 nov. 2002. *Annales...* Disponível em: <http://www.archivesdefrance.culture.gouv.fr/en/international%20relations/citrachabin.htm>. Acesso em: 25 jul. 2003.

COOK, TERRY. Arquivos pessoais e arquivos institucionais: para um entendimento arquivístico comum da formação da memória em um mundo pós-moderno. In: *Seminário Internacional sobre Arquivos Pessoais*, Rio de Janeiro, nov. 1997a.

_____. What is past is prologue: a history of archival ideas since 1898, and the future paradigm shift. *Archivaria*, v. 43, Spring 1997b.

_____. Archival science and postmodernism: new formulations for old concepts. *Archival Science*, n. 1, 2000a.

_____. Beyond the screen: the records continuum and archival cultural heritage. In: *Australian Society of Archivists Conference*. Melbourne, 2000b.

_____. Fashionable nonsense or professional rebirth: postmodernism and the practice of archives. *Archivaria*, n. 51, Spring 2001.

COUTURE, C.; ROUSSEAU, J. Y. *Les archives au XX siècle*. Montreal: Université de Montreal, 1982.

_____; _____. L'archivistique a-t-elle trouvé son identité? *Argus*, Montreal, v. 17, n. 2, juin 1988.

_____; _____. *Fundamentos da disciplina arquivística*. Lisboa: Dom Quixote, 1998.

_____; _____; DUCHARME, D. La recherche en archivistique: un état de la question. *Archives*, v. 30, n. 3/4, 1998.

DELMAS, BRUNO. Archival science facing the information society. *Archival Science*, v. 1, p. 25-37, 2001.

DERRIDA, JACQUES. Mal de arquivo: uma impressão freudiana. Rio de Janeiro: Relume-Dumará, 2001.

DESCHATELET, GILLES. L'archivistique et la bibliotheconomie: deux disciplines soeurs dans l'arbre genealogique des sciences de l'information. In: GIRA. *La place de l'archivistique dans la gestion de l'informations: perspectives de recherces*. Montreal: Ministère des Affaires Culturelles/Archives Nationales du Quebec, 1990.

DUCHEIN, MICHEL. Relatório sobre os arquivos no Brasil. *Arquivo & Administração*, Rio de Janeiro, v. 7, n. 1, p. 28-30, jan./abr. 1979.

_____. *Los obstaculos que se oponen al acceso, a la utilización y a la transferencia de la información conservada en los archivos: un estudio del Ramp*. Paris: Unesco, 1983.

_____. O respeito aos fundos em arquivística: princípios teóricos e problemas práticos. *Arquivo & Administração*, Rio de Janeiro, v. 10-33, abr. 1982/ago. 1986.

DURANTI, LUCIANA. Diplomatics: new uses for an old science. (Part I-Part V). *Archivaria*, n. 28, Summer 1989; n. 29, Winter 1989; n. 30, Summer 1990; n. 32, Summer 1991; n. 33, Winter 1992.

_____. The archival body of knowledge: archival theory, method and practice, and graduate and continuing education. *Journal of Education for Library and Information Science*, v. 34, n. 1, p. 8-24, Winter 1993.

_____. Registros documentais contemporâneos. *Estudos Históricos*, Rio de Janeiro, v. 7, n. 13, jan./jun. 1994

_____. The impact of digital technology on archival science. *Archival Science*, n. 1, p. 39-55, 2001.

ESPOSEL, J. P. *Arquivos: uma questão de ordem*. Niterói: Muiraquitã, 1994.

FONSECA, MARIA ODILA. *Direito à informação: acesso aos arquivos municipais no Brasil*. (Dissertação de Mestrado) — UFRJ/Ibict. Rio de Janeiro, 1996.

_____. Informação, arquivos e instituições arquivísticas. *Arquivo & Administração*, Rio de Janeiro, v. 1, n. 1, p. 33-45, 1998.

_____. O ensino da arquivologia e a literatura arquivística. In: JARDIM, José Maria; FONSECA, Maria Odila (Orgs.). *A formação do arquivista no Brasil*. Niterói: Eduff, 1999a.

_____. Formação e capacitação profissional e a produção do conhecimento arquivístico. In: *Mesa redonda nacional de arquivos*. Rio de Janeiro: Arquivo Nacional, 1999b. (Caderno de Textos).

FOSKETT, D. J. Information science as an emergent discipline: educational implications. *J. Librarianhip*, v. 5, n. 3, July 1973.

FOUCAULT. MICHEL et al. *O homem e o discurso*. Rio de Janeiro: Tempo Brasileiro, 1971.

_____. *As palavras e as coisas*. São Paulo: Martins Fontes, 1990.

_____. *A arqueologia do saber*. São Paulo: Forense Universitária, 1995.

FRANCO, CELINA M.; BASTOS, AURÉLIO W. Os arquivos nacionais: estrutura e legislação. *Acervo*, Rio de Janeiro, v. 1, n. 1, p. 7-28, jan./jun. 1986.

FUSTER RUIZ, F. Archivística, archivo, documento de archivo: necesidad de clarificar los conceptos. *Anales de Documentación*, n. 2, p. 103-120, 1999.

GALLEGO DOMÍNGUEZ, O.; LOPEZ GOMEZ, P. *Introducción a la archivística*. Bilbao: Consejo de Cultura y Turismo, 1989.

GIRA. *La place de l'archivistique dans la gestion de l'informations: perspectives de recherches*. Montreal: Ministère des Affaires Culturelles/Archives Nationales du Quebec, 1990.

GOLEMBIEWSKI, R. T. *Public administration: readings in institutions, processes, behavior*. Chicago: Rand MacNally, 1966.

GOMEZ, MARIA NELIDA GONZALEZ de. O papel do conhecimento e da informação nas formações políticas ocidentais. *Ciência da Informação*, Brasília, v. 16, n. 2, p. 157-167, jul./dez. 1987

_____. O caráter seletivo das ações de informação. *Informare*, Rio de Janeiro, v. 5, n. 2, p. 7-31, 2000.

_____. Novos cenários políticos para a informação. *Ciência da Informação*, v. 31, n. 1, p. 27-40, jan./abr. 2002.

GRAHAM, N. The form and function of archival theory. *The Katharine Sharp Review*, n. 4, Winter 1997.

HAWKINS, DONALD T. Bibliometrics of electronic journals in information science. *Information Research*, v. 7, n. 1, Jan. 2002. Disponível em: <httpp://informationR.net/ir/7-1/paper120.html>. Acesso em: 16 out. 2003.

HAYES, ROBERT M. *History review: the development of information science in the United States*. 1998. Disponível em: <http://www.chemheritage.org/explore/ASIS_documents/ASIS98_Hayes.pdf>. Acesso em: 6 jan. 2004.

HECKHAUSEN, H. Discipline and interdisciplinarity. In: OCDE/CERI. *L'interdisciplinarité: problèmes d'enseignement et de recherche dans les universités*. Paris: OCDE, 1972.

HEREDIA, A. HERRERA. *Archivística general. Teoria y práctica*. Sevilla: Servicio de Publicaciones de la Diputación de Sevilla, 1983. 512p.

HERNER, SAUL. Brief history of information science. *Journal of the American Society for Information Science*, v. 35, n. 3, p. 157-163, 1984.

IANNI, OCTÁVIO. *Tipos e mitos da modernidade*. 2002. Disponível em: <http://zonanon.com/ideias/oi021211.htm>. Acesso em: 6 fev. 2004.

JAPIASSU, HILTON. *Interdisciplinaridade e patologia do saber.* Rio de Janeiro: Imago, 1976.

JARDIM, JOSÉ MARIA. O conceito e a prática de gestão de documentos. *Acervo*, Rio de Janeiro, Arquivo Nacional, v. 2, n. 2, jul./dez. 1987.

_____. *Sistemas e políticas públicas de arquivos no Brasil.* Niterói: Eduff, 1995. 196p.

_____. *Transparência e opacidade do Estado no Brasil: usos e desusos da informação governamental.* Niterói: Eduff, 1998.

_____. A produção de conhecimento arquivístico: perspectivas internacionais e o caso brasileiro (1990-95). In: JARDIM, José Maria; FONSECA, Maria Odila (Orgs.). *A formação do arquivista no Brasil.* Niterói: Eduff, 1999a.

_____ A universidade e o ensino da arquivologia no Brasil. In: JARDIM, José Maria; FONSECA, Maria Odila (Orgs.). *A formação do arquivista no Brasil.* Niterói: Eduff, 1999b.

_____. *A produção e difusão do conhecimento arquivístico no Brasil 1996-99.* Departamento de Documentação/Núcleo Interdisciplinar de Estudos da Informação — Neinfo, UFF, 1999c. (Relatório parcial de pesquisa).

_____; FONSECA, M. O. As relações entre a arquivística e a ciência da informação. *Cadernos BAD*, v. 2, 1992.

_____; _____. Arquivos. In: *Formas e expressões do conhecimento.* Belo Horizonte: Escola de Biblioteconomia, 1998a.

_____; _____. A informação como campo interdisciplinar. 1998b. Disponível em: <http://www.uff.br/neinfo/artigoinfo.html>. Acesso em: 13 jun. 2003.

_____; _____. Educação, pesquisa e tecnologia: um olhar a partir da América Latina. *Cenário Arquivístico*, 2003.

KECSKEMÉTI, CHARLES. A modernização do Arquivo Nacional do Brasil. *Acervo*, Rio de Janeiro, v. 3, n. 2, jul./dez. 1988.

KETELLAR, ERIC. The difference best postponed? Cultures and comparative archival science. *Archivaria*, v. 44, 1997.

_____. L'ethnologie archivistique. In: *Conférence inaugurale du Colloque européen de l'Association des archivistes français.* Strasbourg, 20-22 oct. 1999.

_____. The archive as a time machine. In: *DLM Forum 2002*, Barcelona, 8 mayo 2002.

LE COADIC, Y. *A ciência da informação*. Brasília: Briquet de Lemos, 1996.

LE GOFF, JACQUES. Memória. In: *Enciclopédia Eunaudi*. Lisboa: Imprensa Nacional/Casa da Moeda, 1984. v. 1.

_____. Documento/monumento. In: *Enciclopédia Eunaudi*. Lisboa: Imprensa Nacional/Casa da Moeda, 1984. v. 1.

_____. *A história nova*. São Paulo: Martins Fontes, 1990.

LODOLINI, ELIO. El problema fundamental de la archivistica: la naturaleza y el ordenamiento del archivo. *Irargi Revista Archivistica*, n. 1, p. 27-61, 1988.

MACHLUP, F.; MANSFIELD, U. (Eds.). *The study of information: interdisciplinary messages*. New York: John Wiley, 1983.

MARTÍN-POZUELO, M. PAZ. *La construcción teórica en archivística: el principio de procedencia*. Madrid: Universidad Carlos III, 1998.

MIKHAILOV, A. I.; CHERNYI, A. I.; GILYAREVSKY, R. S. Estrutura e principais propriedades da informação científica. In: GOMES, H. E. (Org). *Ciência da informação ou informática?* Rio de Janeiro: Calunga, 1980.

MIRANDA, A.; BARRETO, A. Pesquisa em ciência da informação no Brasil: síntese e perspectiva. *DataGramaZero*, v. 1, n. 6, dez. 2000.

MORIN, E. *O método*. Lisboa: Europa-América, 1987.

_____. *Introdução ao pensamento complexo*. Lisboa: Instituto Piaget. 1991.

MUELLER, SUZANA P. M. O círculo vicioso que prende os periódicos nacionais. *DataGramaZero*, dez. 1999.

_____.; PECEGUEIRO, C. O periódico *Ciência da Informação* na década de 90: um retrato da área refletido em seus artigos. *Ciência da Informação*, Brasília, v. 30, n. 2, p. 47-63, maio/ago. 2001.

NARA. *Records Center Operations Manual*. Washington: Nara, 1986.

OTLET, P. Documentos e documentação. In: *Congresso Mundial da Documentação Universal*, Paris, 1937. Disponível em: <http://www.conexaorio.com/biti/otlet/>. Acesso em: 12 jan. 2004.

PINHEIRO, LENA VÂNIA R. *A ciência da informação entre luz e sombra: domínio epistemológico e campo interdisciplinar.* Tese (Doutorado em Comunicação) — UFRJ/Eco, 1997.

POSNER, ERNST. Max Lehman et la genese du príncipe de provenance. In: *Techniques modernes d'administration des archives et de gestion des documents: recueil de textes.* Paris: Unesco, 1985.

RASTAS, P. *Manuals and textbooks of archives administration and records management.* Paris: Unesco, 1992.

RICKS, ARTEL. La gestion des documents comme fonction des archives. In: *Techniques modernes d'administration des archives et de gestion des documents: recueil de textes.* Paris: Unesco, 1985.

ROBREDO, JAIME. *Da ciência da informação revisitada aos sistemas humanos de informação.* Brasília: Thesaurus/SSRR Informações, 2003.

RODRIGUES, JOSÉ H. *A situação do Arquivo Nacional.* Rio de Janeiro: Arquivo Nacional, 1959.

ROUANET, SERGIO P. Autonomia, modernidade e democracia mundial. *Política Democrática,* v. 1, n. 2, p. 48-58, jun./set. 2001.

SARACEVIC, TEFKO. *Information science: origin, evolution and relations.* 1990.

_____. Interdisciplinary nature of information science. *Ciência da Informação,* v. 24, n. 1, 1995.

SCHELEMBERG, T. R. *Arquivos modernos.* Rio de Janeiro: FGV, 1973.

SEDAP-PR/FUNCEP. *A importância da informação e do documento na administração pública brasileira. Relatório final da Comissão Especial de Preservação do Acervo Documental — Cepad.* Brasília: Funcep, 1987.

SHERA, J. H.; CLEVELAND, D. B. History and foundations of information science. *Arist — Annual Review of Information Science and Technology,* v. 12, p. 249-275, 1977.

SILVA, A. M. et al. *Arquivística: teoria e prática de uma ciência da informação.* Porto: Afrontamento, 1999.

SMIT, J.; TÁLAMO, M. F.; KOBASHI, N. A determinação do campo científico da ciência da informação: uma abordagem terminológica. In: *Encontro Nacional de Pesquisa em Ciência da Informação,* 5., 10-14 nov. 2003. *Anais...* Belo Horizonte, Escola de Ciência da Informação da UFMG, 2003.

TAYLOR, HUGH. Transformation in the Archives: technological adjustment or paradigm shift? *Archivaria*, n. 25, 1987.

THOMASSEN, THEO. The development of archival science and its European dimension. In: *Seminar for Anna Christina Ulfsparre*. Stockholm, Swedish National Archives, Feb. 1999.

_____. A first introduction to archival science. *Archival Science*, v. 1, p. 373-385, 2001.

TOURAINE, ALAIN. *Crítica da modernidade*. Petrópolis: Vozes, 1994.

WEBER, MAX. *Ensaios de sociologia*. Rio de Janeiro: Zahar, 1979.

WELLISCH, HANS. From information science to informatics: a terminological investigation. *J. Librarianship*, v. 4, n. 3, July 1972.

ZHANG, Y. Definitions and sciences of information. *Information Processing & Management*, v. 24, n. 4, 1988.

Anexo 1

Tabela geral de teses e dissertações

Autor/orientador	Título	Ano	M/D	Programa
Eliane M. Mendes/ Antonio Miranda	Tendências para a harmonização de programas de ensino de arquivologia, biblioteconomia e museologia no Brasil: um estudo Delfos	1992	M	UnB Ciência da informação
Rita de C. Lo Schiavo/ Ana Maria Camargo	Roteiro para organização de arquivos de entidades de classe	1997	M	USP História social
Ana Célia de Andrade/ Ana Maria Camargo	Inventário do Fundo Clamor. Organização e descrição do Fundo Comitê de Defesa dos Direitos Humanos para os Países do Cone Sul	2000	M	USP História social
André Ancona Lopez/ Ana Maria Camargo	Partidos e associações políticas no Brasil contemporâneo: proposta de tipologia documental	1994	M	USP História social

continua

Autor/orientador	Título	Ano	M/D	Programa
André Ancona Lopez/ Ana Maria Camargo	As razões e os sentidos: finalidades da produção documental e interpretação de conteúdos na organização arquivística de documentos imagéticos	2001	D	USP História social
João Rodrigues Neto/ Ana Maria Camargo	Caracterização tipológica dos documentos da Província Franciscana Imaculada Conceição do Brasil: subsídios para o processamento técnico de arquivos eclesiásticos regulares	1995	M	USP História social
Maria Regina A. Cortes/ Ana Maria Cardoso	Arquivo público e informação: acesso a informação nos arquivos públicos estaduais do Brasil	1996	M	UFMG Ciência da informação
Neide A. Gomes/ Antonio Miranda	O ensino de conservação, preservação e restauração de acervos documentais no Brasil	2000	M	UnB Ciência da informação
Claudia de Carvalho/ Carlos A. Cosenza	O controle ambiental para preservação de acervos com suporte em papel na concepção dos edifícios de arquivos e bibliotecas em clima tropical úmido	1997	M	UFRJ Arquitetura
Zeny M. dos Santos/ Elizabeth L. Hazin	Arranjo e descrição do espólio de Godofredo Filho: estudo arquivístico e catálogo informativo. Salvador	2000	D	UFB Letras e linguística
Marisa Marques Zanata/ Else B. Marques Válio	Instrumentos de pesquisa nos arquivos da Unicamp	1997	M	PUC-Campinas Biblioteconomia e ciência da informação
Maria F. Feitosa/ Ernesto de F. Pinto	Arquivo Público do Estado do Amazonas: da missão à ação	1997	M	Universidade do Amazonas Educação
Christanne Oliveira/ Ester Kosovski	Acesso à informação no Arquivo Público do Estado do Maranhão	2000	M	UFRJ Comunicação

continua

Autor/orientador	Título	Ano	M/D	Programa
Daniel Flores/ Felipe Müller	Análise do Programa de Legislação Educacional Integrada — Prolei: uma abordagem arquivística na gestão eletrônica de documentos	2000	M	UFSM Engenharia de produção
Vanderlei dos Santos/ Georgete M. Rodrigues	Gestão de documentos eletrônicos sob a ótica arquivística: identificação das principais correntes teóricas, legislação e diagnóstico da situação nos arquivos públicos brasileiros	2001	M	UnB Ciência da informação
Maria A. Aparício/ Georgete M. Rodrigues	O acesso e a utilização da informação arquivista sobre a África no Arquivo do Itamarati em Brasília	2001	M	UnB Ciência da informação
Sandra Lucia Pereira/ Geraldina Porto Witter	O conceito de arquivo na literatura e na opinião de gestores de arquivos privados	1995	M	PUC-Campinas Biblioteconomia e ciência da informação
Rosale de Souza/ Geraldo Prado e Rosa Inês de Novais Cordeiro	A representação do filme documentário institucional: testemunho histórico-científico no espaço informacional/acadêmico	2001	M	UFRJ Ciência da informação
Julia Bellesse Lins/Heloísa L. Bellotto	O profissional arquivista no contexto sociocultural	1996	M	Uni-Rio Memória social e documento
Luiz Cleber Gak/ Heloísa L. Bellotto	Documentação cartorária: da identificação ao uso social	1995	M	Uni-Rio Memória social e documento
Junia G. e Silva/ Heloisa Christovão	Socialização da informação arquivística: a viabilidade do enfoque participativo na transferência da informação	1996	M	UFRJ Ciência da informação
Anna Carla Mariz/ Icléia t. M. Costa e José Pedro P. Esposel	O correio eletrônico e seu impacto na formação dos arquivos empresariais: estudo de casos da Shell e do Club Mediterranée	1997	M	Uni-Rio Memória social e documento

continua

Autor/orientador	Título	Ano	M/D	Programa
Joacil Basílio Rael/ Jaime Robredo	Tratamento da informação: integridade de informações em meios eletrônicos	2001	D	UnB Ciência da informação
Josemar de Melo/ Joana C. Garcia e Sílvia Cortez Silva	Política do silêncio. O sistema de arquivos do estado de Pernambuco	1999	M	UFPb/João Pessoa Ciência da informação
Elizete Rosa Dotto/ José Pedro P. Esposel	Arquivos históricos: problemas técnico-administrativos e práticos-morais e os fatores que contribuem para sua ocorrência	1993	M	Uni-Rio Memória social e documento
Kátia Isabelli de Souza/ José Pedro P. Esposel	Os arquivos no contexto educacional: novas perspectivas	1996	M	Uni-Rio Memória social e documento
Silvana Karpinscki/ José Sebastião Witter	O laboratório do arquivista — Fapesp: a constituição dos arquivos permanente e intermediário, e o processo de avaliação, seleção e descarte	1995	M	USP História social
Eliane Alvarenga/ Lídia Oliveira	A contratação de terceiros nos serviços arquivísticos da administração pública federal em Brasília	1997	M	UnB Ciência da informação
Vera Maria Motta/ Lucy G. Fontes	Arquivos privados de titulares mineiros — 1930-83: um estudo sobre a localização, composição e uso dos documentos	1993	M	UFMG Ciência da informação
Marta Eloísa Neves/ Lucy G. Hargreaves	Em busca da organicidade: um estudo do Fundo da Secretaria de Governo da Capitania de Minas Gerais	1997	M	UFMG Ciência da informação
Maria do Carmo Gomes/ Lucy G. Fontes	A produção do conhecimento histórico e do documento: estudo da relação entre a historiografia mineira e as fontes — 1979-90	1994	M	UFMG Ciência da informação

continua

Autor/orientador	Título	Ano	M/D	Programa
Cláudio D. Crespo/ Luís Carlos Lopes	O campo da arquivística e os arquivos setoriais: conhecimentos e práticas	2000	M	UFF Comunicação, imagem e informação
José Mauro Pinto/ Luís Carlos Lopes	A teoria da classificação no campo comunicacional: um olhar sobre a comunicação em bibliotecas, museus e arquivos	2001	M	UFF Comunicação, imagem e informação
Maria da C. Carnevale/ Luís Carlos Lopes	Os arquivos históricos e o trabalho arquivístico no Rio de Janeiro	2000	M	UFF Comunicação, imagem e informação
Renato T. B. de Sousa/ Luís Carlos Lopes	Os arquivos correntes e as massas documentais acumuladas: busca de novas soluções para velhos problemas	1995	M	UnB Ciência da informação
Célia Leite Costa/ Manoel L. Guimarães	Memória e administração: O Arquivo Público do Império e a consolidação do Estado brasileiro	1997	D	UFRJ História
Sônia Helena da Costa Kaminitz/ Maria José Wehling	A necessidade da criação da instituição arquivo na primeira metade do século XIX	1998	M	Uni-Rio Memória social e documento
Flávio Leal da Silva/ Maria José Wehling e Icléia T. M. Costa	Arquivo, memória e fragmentação: a construção do acervo do Departamento de Arquivo e Documentação da Casa de Oswaldo Cruz — Fiocruz	1999	M	Uni-Rio Memória social e documento
Vittorio Consiglio/ Maria Manuela da Cunha	Fontes missionárias e história indígena: um inventário analítico sobre textos jesuíticos nos arquivos referentes à missão em Maranhão e Grão-Pará, séculos XVII-XVIII.	1997	M	USP Antropologia social

continua

Autor/orientador	Título	Ano	M/D	Programa
José Maria Jardim/ Maria Nélida G. de Gómez	Os arquivos (in)visíveis: a opacidade informacional do Estado brasileiro	1998	D	UFRJ Ciência da informação
Helena Rosa e Souza / Maria Nélida G. de Gómez	Rio de Janeiro: transferência da capital federal e seus impactos na esfera da informação/ documentação	1992	M	UFRJ Ciência da informação
Sandra Rebel Gomes/ Maria Nélida G. de Gómez	Lugares de memória e informação: os arquivos e centros de documentação sobre trabalho, trabalhadores e suas organizações	1996	M	UFRJ Ciência da informação
Heloísa E. T. Pereira/ Marina R. Brochado	Contribuição ao diagnóstico de um sistema de informação arquivística aplicada	2001	M	CEFET Tecnologia
José Maria Jardim/ Regina Marteleto	Cartografia de uma ordem imaginária: uma análise do Sistema Nacional de Arquivos	1994	M	UFRJ Ciência da informação
Mariza Bottino/ Rosali F. de Souza	Arquivo universitário: considerações em torno da questão panorama da situação no Brasil	1994	M	UFRJ Ciência da informação
Elizabeth Carvalho/ Rosemary Longo	Informação orgânica: recursos estratégicos para tomada de decisão pelos membros do Conselho de Administração da Universidade Estadual de Londrina	2001	M	PUC-Campinas Biblioteconomia e ciência da informação
Sueli Mitiko Yano/ Silas M. de Oliveira	Consultor em informação e documentação & *information broker*: perfil e formação no estado de São Paulo	2001	M	PUC-Campinas Biblioteconomia e ciência da informação
Beatriz J. Pedras/ Vilma M. dos Santos	Uma leitura do I Livro de Tombo do Convento do Carmo de Salvador: contribuição à construção histórica da ordem dos carmelitas na Bahia colonial	2000	M	UFMG Ciência da informação

continua

Autor/orientador	Título	Ano	M/D	Programa
André H. G. Cotta/ Vilma M. DOS SANTOS e Paulo Castagna	O tratamento da informação em acervos de manuscritos musicais brasileiros	2000	M	UFMG Ciência da informação
Olga Maria Garcia/ Vitor F. SCHUCH Jr.	A aplicação da arquivística integrada considerando os desdobramentos do processo a partir da classificação	2000	M	UFSC Administração
Élvio José Piccinini/ Walda de A. Antunes	Impacto da tecnologia da informação na atividade dos arquivos bancários: um estudo de caso	2001	M	UnB Ciência da informação
Rosane Montiel/ Zilda Gricoli Iokoi	Movimento: a janela de uma geração. A organização do fundo de arquivo Jornal Movimento	1996	M	USP História social
Carlos Rossatto/ Zuleica Patrício	Percepções de usuário acerca do Arquivo Público do Estado do Rio Grande do Sul: um ambiente a ser descoberto	2001	M	UFSC Administração

Fonte: ‹www.capes.gov.br›. Banco de Teses — aplicação do filtro palavra-chave arquivologia e palavra-chave arquivística. Houve alguma reincidência, retirada para a elaboração desta tabela. Consulta em ago. 2003.
Obs.: Ordenação por orientador.

ANEXO 2

Quadro de professores orientadores e grupos de pesquisa registrados na base Lattes[55]

Pe: Antonio Lisboa Carvalho de Miranda
Gr: Comunicação científica — UnB

Pe: Carlos Alberto Nunes Cosenza
Gr: Biologia matemática e computacional — UFRJ
Gr: Desempenho do ambiente construído — UFRJ
Gr: Gp/CAD — Grupo de Pesquisa em Concepção e Análise do Design — UFRJ
Gr: Localização e arquitetura industrial — UFRJ
Gr: Logística, localização de negócios e sistemas de informação — Unesa

Pe: Elizabeth de Andrade Lima Hazin
Gr: Grupo de estudos em literatura brasileira contemporânea — UnB
Gr: Inventário de arquivos de escritores baianos — UFBA

Pe: Ernesto Renan Melo de Freitas Pinto
Gr: Centro de Estudos e Pesquisas em Filosofia e Ciências Humanas — Ufam
Gr: Núcleo de Estudos do Imaginário — Ufam

Pe: Felipe Martins Müller
Gr: Gestão Eletrônica de Documentos (GED) — UFSM
Gr: Grupo Pigs — UFSM

---

[55] Consulta feita em 7 nov. 2003.

Gr: Grupo de Fundamentos da Computação e Métodos Formais — UFRGS
Gr: Heurísticas e meta-heurísticas: desenvolvimento e estratégias de ensino-aprendizagem — UFSM
Gr: Investigação-ação escolar e educação dialógica-problematizadora — UFSM

Pe: Georgete Medleg Rodrigues
Gr: As políticas de informação do Estado e a gestão dos patrimônios documentais — UnB

Pe: Geraldina Porto Witter
Gr: Linguagem escrita: leitura e escrita — PUC-Campinas
Gr: Produção científica — PUC-Campinas

Pe: Geraldo Moreira Prado
Gr: Configurações políticas e econômicas da informação — Ibict

Pe: Rosa Inês de Novais Cordeiro
Gr: Informação, conhecimento e tecnologia da informação — UFF

Pe: Icléia Thiesen Magalhães Costa
Gr: Memória e espaço — Uni-Rio

Pe: Jaime Robredo
Gr: Inteligência organizacional e competitiva — UnB
Gr: Representação e organização do conhecimento — UnB

Pe: Silvia Cortez Silva
Gr: Memória e Sociedade — UFPE

Pe: Lídia Alvarenga
Gr: Grupo de Estudos em Tratamento da Informação — UFMG

Pe: Luís Carlos Lopes
Gr: Estudos de mídia — UFF

Pe: Manoel Luiz Lima Salgado Guimarães
Gr: Laboratório de Estudos Históricos da Ciência — UERJ
Gr: Subjetividade e história — Uerj

Pe: Maria José Mesquita Cavalleiro de Macedo Wehling
Gr: História do direito e das instituições — Uni-Rio

Pe: Maria Nélida Gonzalez de Gómez
Gr: Configurações políticas e econômicas da informação — Ibict

Gr: Informação e saúde — Fiocruz
Gr: Teoria, epistemologia e interdisciplinaridade da ciência da informação — IBICT

Pe: Marina Rodrigues Brochado
Gr: Tecnologia e educação — Cefet-RJ
Gr: Laboratório de aprendizagem — Cefet-RJ
Gr: Meio ambiente e eficiência energética — Cefet-RJ
Gr: Tecnologia e educação — Cefet-RJ

Pe: Regina Maria Marteleto
Gr: Informação e sociedade — UFMG

Pe: Rosali Fernandez de Souza
Gr: Processamento e organização da informação — Ibict

Pe: Paulo Augusto Castagna
Gr: Musicologia histórica brasileira — Unesp
Gr: Música étnica e popular (Brasil/América Latina) — Unesp

Pe: Zilda Márcia Grícoli Iokoi
Gr: Intolerância e resistência: 50 anos de luta pelos direitos no Brasil (1935-85) — USP